História

Projeto Ápis

2º ano

Maria Elena Simielli

Bacharel e licenciada em Geografia pela Universidade de São Paulo (USP). Professora doutora em Geografia e professora livre-docente do Departamento de Geografia – Pós-Graduação, USP. Ex-professora dos Ensinos Fundamental e Médio nas redes pública e particular do estado de São Paulo.

Anna Maria Charlier

Bacharel e licenciada em História pela Universidade de São Paulo (USP). Bacharel e licenciada em Geografia pela USP. Ex-professora, diretora e supervisora dos Ensinos Fundamental e Médio nas redes pública e particular do estado de São Paulo.

editora ática

editora ática

Direção de inovação e conteúdo: Guilherme Luz
Direção editorial: Luiz Tonolli e Renata Mascarenhas
Gestão de projeto editorial: Tatiany Renó
Gestão e coordenação de área: Wagner Nicaretta e Brunna Paulussi (Ciências Humanas)
Edição: Carlos Eduardo de Almeida Ogawa, Aline dos Reis Neves, Luciana Martinez
Gerência de produção editorial: Ricardo de Gan Braga
Planejamento e controle de produção: Paula Godo, Roseli Said e Marcos Toledo
Revisão: Hélia de Jesus Gonsaga (ger.), Kátia Scaff Marques (coord.), Rosângela Muricy (coord.), Ana Paula C. Malfa, Brenda Morais, Cesar G. Sacramento, Claudia Virgilio, Larissa Vazquez, Lilian M. Kumai, Maura Loria e Vanessa de Paula Santos
Edição de arte: Claudio Faustino (coord.), Eber Souza (edição de arte), Jacqueline Ortolan, Lívia Vitta Ribeiro, Rodrigo Bastos Marchini e Simone Zupardo Dias (assist.)
Iconografia e licenciamento de texto: Sílvio Kligin (superv.), Denise Durand Kremer (coord.), Cristina Akisino (coord.), Fernanda Regina Sales Gomes (pesquisa iconográfica), Liliane Rodrigues (licenciamento de textos)
Tratamento de imagem: Cesar Wolf e Fernanda Crevin
Ilustrações: Avelino Guedes, Cecilia Esteves, Cibele Queiroz, Ilustra Cartoon, Ivan Coutinho, Léo Fanelli, Lie Kobayashi
Capa: Gláucia Correa Koller (coord.) e Talita Guedes da Silva
Ilustração de capa: Carlo Giovani
Projeto gráfico de miolo: Gláucia Correa Koller (coord.) e Talita Guedes da Silva

Avenida das Nações Unidas, 7221, 3º andar, Setor A
Pinheiros – São Paulo – SP – CEP 05425-902
Tel.: 4003-3061
www.atica.com.br / editora@atica.com.br

Dados Internacionais de Catalogação na Publicação (CIP)
(Câmara Brasileira do Livro, SP, Brasil)

Simielli, Maria Elena
Projeto Ápis : história : 2º ano / Maria Elena Simielli, Anna Maria Charlier. -- 3. ed. -- São Paulo : Ática, 2017.

ISBN: 978-85-0818-519-1 (aluno)
ISBN: 978-85-0818-520-7 (professor)

1. História (Ensino fundamental) I. Charlier, Anna Maria. II. Título.

17-06585 CDD-372.89

Índices para catálogo sistemático:

1. História : Ensino fundamental 372.89

2018
ISBN: 978-85-0818-519-1 (AL)
ISBN: 978-85-0818-520-7 (PR)
Código da obra CL 740085
CAE 621873 (AL) / 621874 (PR)
3ª edição
3ª impressão

Impressão e acabamento: Brasilform Editora e Ind. Gráfica

Uma publicação SOMOS EDUCAÇÃO

APRESENTAÇÃO

CARO ALUNO,

COM ESTE LIVRO QUEREMOS LHE PROPOR UMA MANEIRA PRAZEROSA DE APRENDER HISTÓRIA.

O PRESENTE TRAZ MARCAS DO PASSADO, ASSIM COMO O FUTURO TERÁ MARCAS DO PRESENTE. POR ISSO, É IMPORTANTE ESTUDAR O PASSADO PARA COMPREENDER O MUNDO EM QUE VIVEMOS. COMO VOCÊ VAI PERCEBER, A HISTÓRIA É VIVA.

ESTE LIVRO VAI DESPERTAR SEU INTERESSE PELA HISTÓRIA. VOCÊ VAI VIAJAR NO TEMPO POR MEIO DE TEXTOS E DE IMAGENS, LOCALIZANDO E RELACIONANDO FATOS EM DIFERENTES MOMENTOS HISTÓRICOS. ASSIM, VOCÊ VAI CONSTRUIR A SUA PRÓPRIA HISTÓRIA UTILIZANDO EXPERIÊNCIAS DO SEU DIA A DIA E COMPARANDO-AS COM EXPERIÊNCIAS VIVIDAS POR OUTRAS PESSOAS EM DIFERENTES ESPAÇOS E TEMPOS.

DESENVOLVER O PENSAMENTO HISTÓRICO PARA COMPREENDER E CONSTRUIR A HISTÓRIA É UM GRANDE PASSO PARA VOCÊ SE TORNAR UM CIDADÃO PARTICIPANTE DO LUGAR ONDE VIVE E DAS TRANSFORMAÇÕES DA SUA COMUNIDADE.

VOCÊ ACEITA ESSE DESAFIO?

Cibele Queiroz/Arquivo da editora

AS AUTORAS

CONHEÇA SEU LIVRO

ESTE LIVRO CONTÉM QUATRO UNIDADES. CADA UNIDADE TEM DOIS CAPÍTULOS.

ABERTURA DE UNIDADE

NO INÍCIO DE CADA UNIDADE APRESENTAMOS UMA ILUSTRAÇÃO E ALGUMAS QUESTÕES PARA DESPERTAR O SEU INTERESSE PELO TEMA QUE SERÁ ESTUDADO.

ABERTURA DE CAPÍTULO

POR MEIO DE IMAGENS E TEXTOS LÚDICOS E DAS ATIVIDADES ORAIS DO **PARA INICIAR**, VOCÊ VAI DIALOGAR COM A SUA TURMA SOBRE OS ASSUNTOS QUE SERÃO ABORDADOS NO CAPÍTULO.

MINHA COLEÇÃO DE PALAVRAS DE HISTÓRIA

AO LONGO DOS CAPÍTULOS E AO FINAL DE CADA UNIDADE, VOCÊ VAI RESOLVER ATIVIDADES QUE EXPLORAM O CONTEXTO E O SENTIDO DE ALGUMAS PALAVRAS IMPORTANTES PARA A DISCIPLINA.

PESQUISE

APRENDA A PESQUISAR, INTERPRETAR INFORMAÇÕES E AMPLIAR O SEU CONHECIMENTO.

DESAFIO

FAÇA DESCOBERTAS E COMPARAÇÕES EM GRUPO OU INDIVIDUALMENTE.

ASSIM TAMBÉM APRENDO

UMA MANEIRA LÚDICA E DIVERTIDA DE APRENDER.

SAIBA MAIS

TEXTOS, IMAGENS E ATIVIDADES PARA VOCÊ AMPLIAR SEUS CONHECIMENTOS E AGUÇAR A SUA CURIOSIDADE.

GLOSSÁRIO

APRENDA O SIGNIFICADO DE TERMOS E PALAVRAS IMPORTANTES PARA O ESTUDO DE HISTÓRIA.

TECENDO SABERES

VOCÊ VAI PERCEBER QUE OS ASSUNTOS ABORDADOS NO CAPÍTULO TAMBÉM PODEM SER ESTUDADOS COM A AJUDA DE OUTRAS DISCIPLINAS.

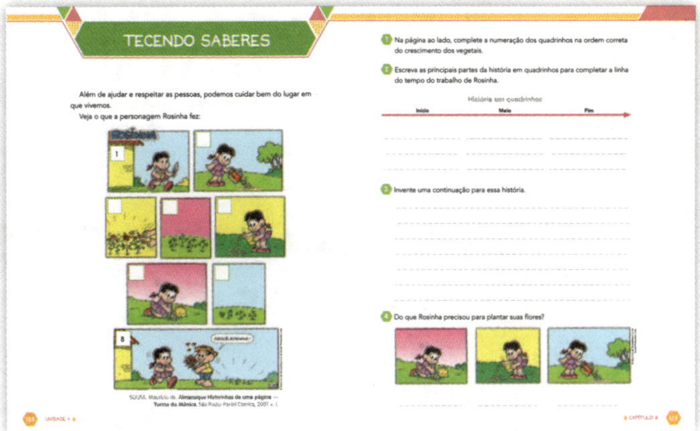

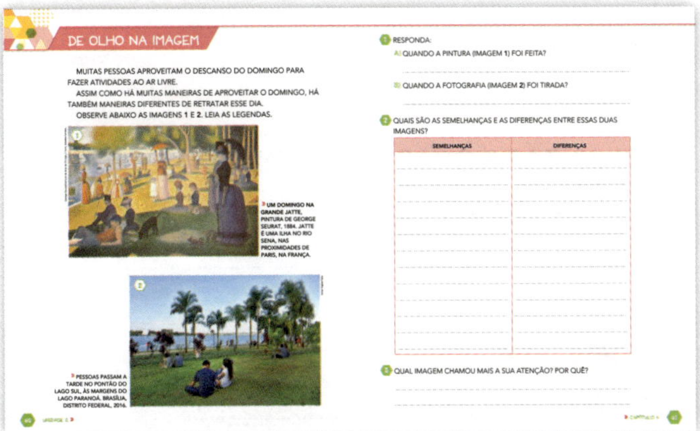

DE OLHO NA IMAGEM

VOCÊ SABE QUE AS IMAGENS TAMBÉM SÃO FONTES HISTÓRICAS? APRENDA HISTÓRIA POR MEIO DA LEITURA DE IMAGENS.

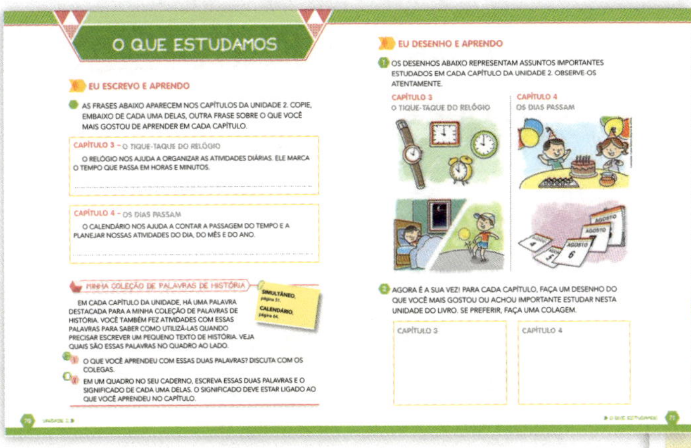

O QUE ESTUDAMOS

É O ENCERRAMENTO DA SUA UNIDADE DE ESTUDO. NELA VOCÊ VAI TRABALHAR A ESCRITA, O DESENHO, O RESUMO DOS TEMAS ESTUDADOS, ALÉM DE VER SUGESTÕES DE LIVROS, FILMES, MÚSICAS OU *SITES* DE PESQUISA.

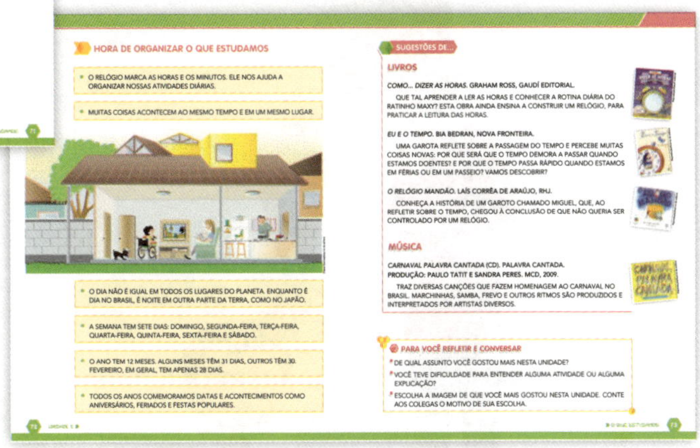

PROJETOS

NO FINAL DO VOLUME, HÁ DUAS PROPOSTAS PARA VOCÊ TRABALHAR EM EQUIPE, INVESTIGAR E PESQUISAR.

SUMÁRIO

Cibele Queiroz/Arquivo da editora

Cibele Queiroz/Arquivo da editora

Unidade 1

VIVER COM OUTRAS PESSOAS

Cecília Esteves/Arquivo da editora

- COM QUEM VOCÊ COSTUMA BRINCAR?
- PENSE EM UM MOMENTO IMPORTANTE DE SUA VIDA. QUANDO ELE ACONTECEU?
- VOCÊ ACHA QUE TODAS AS CRIANÇAS SÃO IGUAIS?

Capítulo 1 EU AINDA SOU CRIANÇA

VOCÊ É GRANDE OU PEQUENO?
LEIA O POEMA.

PONTINHO DE VISTA

EU SOU PEQUENO, ME DIZEM,
E FICO MUITO ZANGADO.
TENHO DE OLHAR TODO MUNDO
COM O QUEIXO LEVANTADO.
MAS SE A FORMIGA FALASSE
E ME VISSE LÁ DO CHÃO,
IA DIZER COM CERTEZA:
"MINHA NOSSA, QUE GRANDÃO!"

PEDRO BANDEIRA. **POR ENQUANTO EU SOU PEQUENO**. SÃO PAULO: MODERNA, 2009.

Cibele Queiroz/Arquivo da editora

PARA INICIAR

1. POR QUE O MENINO DE QUE FALA O POEMA PRECISA OLHAR TODO MUNDO COM O QUEIXO LEVANTADO?
2. SE UMA FORMIGA VISSE VOCÊ LÁ DO CHÃO, DIRIA QUE VOCÊ É MUITO GRANDE? POR QUÊ?
3. PERTO DE QUEM VOCÊ É GRANDE?

DE ONDE EU VENHO

CADA PESSOA TEM UMA HISTÓRIA SÓ SUA, DIFERENTE DA HISTÓRIA DAS OUTRAS PESSOAS.

ALGUMAS INFORMAÇÕES SÃO TÃO IMPORTANTES PARA A HISTÓRIA DE CADA UM QUE SÃO REGISTRADAS EM UMA CERTIDÃO DE NASCIMENTO.

A CERTIDÃO DE NASCIMENTO É O NOSSO PRIMEIRO DOCUMENTO. NELA ESTÃO NOSSO NOME, DATA E LOCAL DE NASCIMENTO, O NOME DE NOSSOS PAIS, ENTRE OUTRAS INFORMAÇÕES. ELA COSTUMA SER EMITIDA LOGO DEPOIS QUE NASCEMOS.

1. PEÇA A UM ADULTO RESPONSÁVEL POR VOCÊ UMA CÓPIA DA SUA CERTIDÃO DE NASCIMENTO. COPIE OS SEGUINTES DADOS DESSE DOCUMENTO:
   - SEU NOME: ______
   - SE VOCÊ É MENINA OU MENINO: ______
   - HORA EM QUE VOCÊ NASCEU: ______
   - LOCAL EM QUE VOCÊ NASCEU: ______
   - SUA **NACIONALIDADE**: ______
   - NOME DOS SEUS PAIS: ______
   - NOME DOS AVÓS MATERNOS: ______
   - NOME DOS AVÓS PATERNOS: ______

A definição das palavras destacadas está no Glossário, páginas 134 e 135.

2. NA CÓPIA DA CERTIDÃO DE NASCIMENTO, CIRCULE O SOBRENOME DAS PESSOAS QUE TÊM OS MESMOS SOBRENOMES QUE VOCÊ. USE UMA COR PARA CADA SOBRENOME.

3. COMPARE A SUA CERTIDÃO DE NASCIMENTO COM A DOS COLEGAS: QUANTOS NASCERAM NA MESMA CIDADE QUE VOCÊ?

A SUA HISTÓRIA FAZ PARTE DA HISTÓRIA DA SUA FAMÍLIA.

PARA ESTUDAR UMA FAMÍLIA É IMPORTANTE SABER QUEM SÃO AS PESSOAS QUE LHE DERAM ORIGEM, AS MAIS VELHAS, E AS QUE FAZEM PARTE DELA ATUALMENTE.

VÍTOR FEZ UM ESQUEMA COM O NOME DE SEUS PARENTES MAIS PRÓXIMOS A PARTIR DAS INFORMAÇÕES QUE ELE VIU NA SUA CERTIDÃO DE NASCIMENTO. OBSERVE:

Cibele Queiroz/Arquivo da editora

1 OBSERVE OS SOBRENOMES DA FAMÍLIA DE VÍTOR. O QUE ELES TÊM EM COMUM?

2 DE QUEM VOCÊ RECEBEU O SEU SOBRENOME?

3 PEÇA AOS SEUS FAMILIARES CÓPIAS DE FOTOGRAFIAS 3 x 4 DE SEUS PARENTES MAIS PRÓXIMOS. COM A AJUDA DO PROFESSOR, ORGANIZE AS FOTOGRAFIAS PARA REPRESENTAR A SUA FAMÍLIA. SE PREFERIR, DESENHE.

A CERTIDÃO DE NASCIMENTO NÃO É O ÚNICO DOCUMENTO DE UMA PESSOA.

VEJA AS IMAGENS.

Caderneta de Saúde da Criança

REGISTRO DAS VACINAS DO CALENDÁRIO NACIONAL DE VACINAÇÃO - CRIANÇA

Nome: FRANCISCO ASSIS JUNIOR — Data de nascimento: 16 10 2010

DOSES / VACINAS	BCG	Hepatite B	Penta	VIP	Pneumocócica 10V (conjugada)	Rotavírus Humano	Meningocócica C (conjugada)
Ao nascer	Data: / / Lote: Lab.Produt: Unidade: Nome vacinador:	Data: / / Lote: Lab.Produt: Unidade: Nome vacinador:					
1ª dose			Data: / / Lote: Lab.Produt: Unidade: Nome vacinador:	Data: / / Lote: Lab.Produt: Unidade: Nome vacinador:	Data: / / Lote: Lab.Produt: Unidade: Nome vacinador:	Data: / / Lote: Lab.Produt: Unidade: Nome vacinador:	Data: / / Lote: Lab.Produt: Unidade: Nome vacinador:
2ª dose			Data: / / Lote: Lab.Produt: Unidade: Nome vacinador:	Data: / / Lote: Lab.Produt: Unidade: Nome vacinador:	Data: / / Lote: Lab.Produt: Unidade: Nome vacinador:	Data: / / Lote: Lab.Produt: Unidade: Nome vacinador:	Data: / / Lote: Lab.Produt: Unidade: Nome vacinador:
3ª dose			Data: / / Lote: Lab.Produt: Unidade: Nome vacinador:	Data: / / Lote: Lab.Produt: Unidade: Nome vacinador:			

DOSES / VACINAS	Febre Amarela	Hepatite A	DTP	VOP	Tríplice Viral	Tetra Viral	HPV
Dose	Data: / / Lote: Lab.Produt: Unidade: Nome vacinador:	Data: / / Lote: Lab.Produt: Unidade: Nome vacinador:			Data: / / Lote: Lab.Produt: Unidade: Nome vacinador:	Data: / / Lote: Lab.Produt: Unidade: Nome vacinador:	Data: / / Lote: Lab.Produt: Unidade: Nome vacinador:
Dose							Data: / / Lote: Lab.Produt: Unidade: Nome vacinador:
Reforço	Data: / / Lote: Lab.Produt: Unidade: Nome vacinador:		Data: / / Lote: Lab.Produt: Unidade: Nome vacinador:	Data: / / Lote: Lab.Produt: Unidade: Nome vacinador:			
Reforço			Data: / / Lote: Lab.Produt: Unidade: Nome vacinador:	Data: / / Lote: Lab.Produt: Unidade: Nome vacinador:			

84 85

› CADERNETA DE VACINAÇÃO.

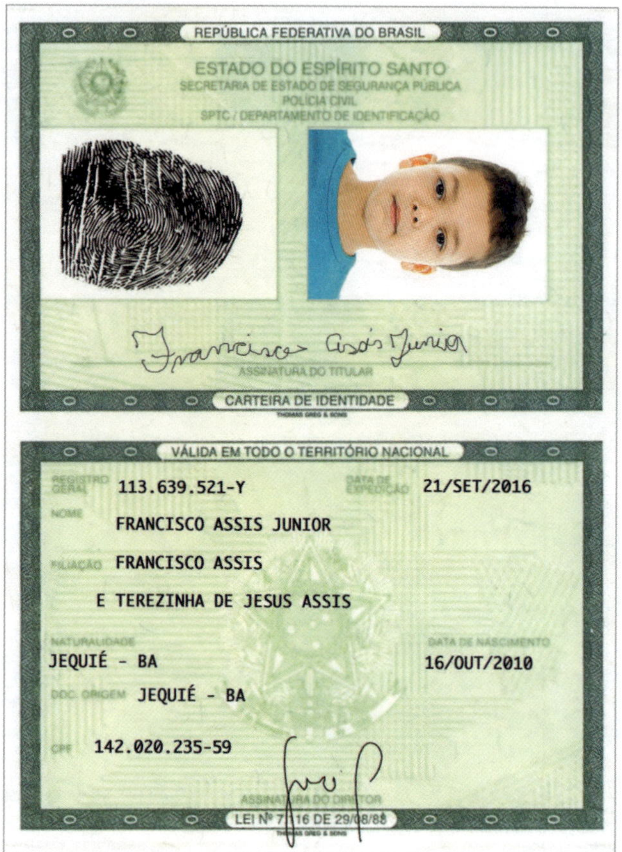
REPÚBLICA FEDERATIVA DO BRASIL

ESTADO DO ESPÍRITO SANTO
SECRETARIA DE ESTADO DE SEGURANÇA PÚBLICA
POLÍCIA CIVIL
SPTC / DEPARTAMENTO DE IDENTIFICAÇÃO

Francisco Assis Junior
ASSINATURA DO TITULAR

CARTEIRA DE IDENTIDADE

VÁLIDA EM TODO O TERRITÓRIO NACIONAL

REGISTRO GERAL 113.639.521-Y — DATA DE EXPEDIÇÃO 21/SET/2016
NOME FRANCISCO ASSIS JUNIOR
FILIAÇÃO FRANCISCO ASSIS
E TEREZINHA DE JESUS ASSIS
NATURALIDADE JEQUIÉ - BA — DATA DE NASCIMENTO 16/OUT/2010
DOC. ORIGEM JEQUIÉ - BA
CPF 142.020.235-59
ASSINATURA DO DIRETOR
LEI Nº 7.116 DE 29/08/83

› CARTEIRA DE IDENTIDADE.

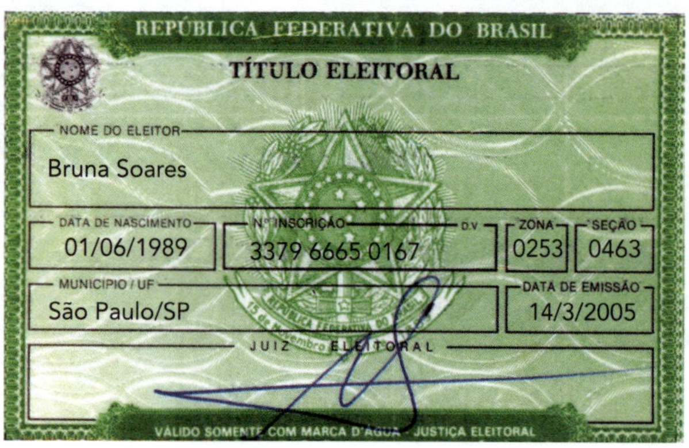
REPÚBLICA FEDERATIVA DO BRASIL
TÍTULO ELEITORAL
NOME DO ELEITOR: Bruna Soares
DATA DE NASCIMENTO: 01/06/1989
Nº INSCRIÇÃO: 3379 6665 0167
ZONA: 0253
SEÇÃO: 0463
MUNICÍPIO / UF: São Paulo/SP
DATA DE EMISSÃO: 14/3/2005
JUIZ ELEITORAL
VÁLIDO SOMENTE COM MARCA D'ÁGUA - JUSTIÇA ELEITORAL

› TÍTULO ELEITORAL.

1 CONVERSE COM OS COLEGAS:

A) PARA QUE SERVEM ESSES DOCUMENTOS?

B) QUAIS DESSES DOCUMENTOS VOCÊ POSSUI? QUAL VOCÊ ACHA MAIS IMPORTANTE?

2 QUE INFORMAÇÕES APARECEM EM TODOS OS DOCUMENTOS DESTA PÁGINA?

NO FUTURO, CONFORME FOR CRESCENDO, VOCÊ VAI TER OUTROS DOCUMENTOS. PARA TRABALHAR, VOCÊ VAI PRECISAR DA CARTEIRA DE TRABALHO. ELA PODE SER FEITA A PARTIR DOS 14 ANOS. O TÍTULO ELEITORAL, QUE ESTÁ NA PÁGINA AO LADO, PODE SER FEITO AOS 16 ANOS, E A CARTEIRA NACIONAL DE HABILITAÇÃO (CARTEIRA DE MOTORISTA), AOS 18 ANOS.

CARTEIRA NACIONAL DE HABILITAÇÃO.

CARTEIRA DE TRABALHO.

MINHA COLEÇÃO DE PALAVRAS DE HISTÓRIA

A PALAVRA A SEGUIR É UM DIREITO DE TODO BRASILEIRO:

DOCUMENTO

1. ESCREVA O NOME DO DOCUMENTO CORRETO:

A) NELE EU VEJO QUAIS VACINAS EU TOMEI.

____

B) PRECISO DESSE DOCUMENTO PARA DIRIGIR.

____

2. CONTE AOS SEUS COLEGAS QUAIS DOCUMENTOS VOCÊ JÁ TEM.

A LINHA DO TEMPO

O TEMPO PASSA.

PARA REGISTRAR OS ACONTECIMENTOS PASSADOS PODEMOS FAZER LINHAS DO TEMPO.

EM UMA LINHA DO TEMPO PODEMOS MARCAR ACONTECIMENTOS DO PASSADO E DO PRESENTE EM SEQUÊNCIA. PODEMOS TAMBÉM ANOTAR OS PLANOS PARA O FUTURO!

VAMOS ESTUDAR:

O **PASSADO**, O **PRESENTE** E O **FUTURO**.

LEIA A HISTÓRIA ABAIXO E VEJA A DECISÃO QUE O MENINO E SUA AVÓ TOMARAM. DEPOIS, RESPONDA ÀS QUESTÕES.

© Adolar/Acervo do artista

ADOLAR. **FOLHA DE S.PAULO**, SÃO PAULO, 9 AGO. 2003. DISPONÍVEL EM: <WWW1.FOLHA.UOL.COM.BR/FOLHINHA/QUADRI/QA09080303.HTM>. ACESSO EM: 12 JUL. 2017.

1. PARA QUANDO O MENINO ESTÁ FAZENDO OS SEUS PLANOS?

2. A AVÓ PEDE A ELE QUE ESTUDE LÍNGUA PORTUGUESA E MATEMÁTICA. O QUE MAIS ELE DEVE ESTUDAR?

O PASSADO É TUDO O QUE JÁ ACONTECEU. CERTOS MOMENTOS PASSADOS FORAM TÃO IMPORTANTES QUE É IMPOSSÍVEL ESQUECÊ-LOS.

1. VEJA NAS FOTOS DOIS MOMENTOS IMPORTANTES NA VIDA DE FILIPE. DEPOIS RESPONDA: O QUE AS FOTOS MOSTRAM?

Fotos: Álbum de família/Arquivo da editora

2. AGORA É COM VOCÊ! COLE UMA FOTO OU FAÇA UM DESENHO PARA MOSTRAR UM MOMENTO IMPORTANTE DO SEU PASSADO.

LEIA O TEXTO A SEGUIR.

NAQUELE TEMPO EU ERA PEQUENA, TINHA UNS 6 OU 7 ANOS. ERA A MENORZINHA DA TURMA DA MINHA RUA.

EU VIVIA CORRENDO ATRÁS DOS GRANDES.

EU MORAVA NUMA RUA SEM **CALÇAMENTO** E POR LÁ QUASE NÃO PASSAVA CARRO. POR ISSO A GENTE PODIA BRINCAR À VONTADE, O DIA TODO, DE PEGADOR, DE RODA, DE BICICLETA.

QUER DIZER, OS MAIORES ANDAVAM DE BICICLETA. EU NÃO, QUE EU NÃO TINHA BICICLETA.

EU ACHAVA QUE QUANDO TIVESSE MINHA BICICLETA OS GRANDES IAM DEIXAR QUE EU SAÍSSE COM ELES.

CALÇAMENTO: CAMADA QUE COBRE AS RUAS, NORMALMENTE FEITA DE PEDRA OU DE ASFALTO.

RUTH ROCHA. **QUANDO EU COMECEI A CRESCER**. SÃO PAULO: SALAMANDRA, 2013. (ADAPTADO.)

Lie Kobayashi/Arquivo da editora

1 TROQUE IDEIAS COM OS COLEGAS E O PROFESSOR SOBRE O TEXTO.

A) QUEM CONTA A HISTÓRIA? EM QUE TEMPO A HISTÓRIA OCORRE?

B) QUAL ERA O DESEJO DA MENINA? POR QUÊ?

2 CONTE PARA SEUS COLEGAS UMA PEQUENA HISTÓRIA DE QUANDO VOCÊ ERA PEQUENO.

É COMUM QUERERMOS SABER O QUE ACONTECERÁ NO FUTURO. O FUTURO É TUDO AQUILO QUE VIRÁ.

FORME DUPLA COM UM COLEGA. JUNTOS, LEIAM O POEMA E TROQUEM IDEIAS SOBRE AS QUESTÕES ABAIXO.

ASTRONAUTA: PILOTO OU PASSAGEIRO DE NAVES E FOGUETES QUE VIAJAM PELO ESPAÇO.

ASTRONAUTA

QUANDO CRESCER QUERO
SER **ASTRONAUTA**
PARA ALCANÇAR A ESTRELA
MAIS ALTA.
COM SEU BRILHO FAREI
UM CAMINHO ATÉ O MOINHO
DOS SONHOS.
ENTÃO ROUBAREI OS MAIS LINDOS,
DEIXAREI DE LADO OS TRISTONHOS,
SÓ OS SONHOS DE ALEGRIA,
AMIGOS E DE AMOR EU ROUBAREI.
TODA NOITE ACENDEREI UM
E COMO SE FOSSE BARCO AZUL
NAVEGAREI, NAVEGAREI.

ROSEANA MURRAY. **FARDO DE CARINHO**. BELO HORIZONTE: LÊ, 2009.

Cibele Queiroz/Arquivo da editora

A) O QUE A CRIANÇA SONHA SER QUANDO CRESCER?

B) VOCÊ E SEUS COLEGAS TÊM SONHOS PARA O FUTURO? OS SONHOS SÃO IGUAIS OU DIFERENTES?

C) QUE PROFISSÕES VOCÊ E SEUS COLEGAS GOSTARIAM DE TER NO FUTURO?

TECENDO SABERES

QUANDO OLHAMOS PARA O PASSADO DE NOSSA FAMÍLIA E DOS GRUPOS DE QUE FAZEMOS PARTE, CONSEGUIMOS ENTENDER NOSSAS ORIGENS E OS PASSOS QUE FORAM DADOS PARA CHEGARMOS ATÉ ONDE ESTAMOS. ASSIM, SABEMOS DE ONDE VIEMOS E PODEMOS PENSAR E ESCOLHER O QUE QUEREMOS PARA O FUTURO.

1. OBSERVE O DESENHO ABAIXO E RESPONDA ÀS QUESTÕES PROPOSTAS.
   - A) NO DESENHO, QUE MUDANÇAS VOCÊ PERCEBE NA VIDA DA FAMÍLIA?
   - B) COMO PODEMOS PERCEBER QUE O TEMPO PASSOU?

2. OBSERVANDO AS CENAS DA IMAGEM, VEMOS NO INÍCIO UMA FAMÍLIA DE MORADORES DO CAMPO. IDENTIFIQUE OS OUTROS GRUPOS SOCIAIS QUE ESTÃO REPRESENTADOS.

____

____

____

3 IMAGINE QUE A MENINA DA ILUSTRAÇÃO GOSTARIA DE SABER MAIS SOBRE O PASSADO DOS SEUS PAIS E DE SEUS AVÓS. QUE OBJETOS ELA PODERIA BUSCAR PARA CONHECER MELHOR O PASSADO DELES?

____

____

4 EM UMA FOLHA À PARTE, VOCÊ VAI FAZER UMA HISTÓRIA EM QUADRINHOS CONTANDO SUAS MEMÓRIAS SOBRE MUDANÇAS QUE OCORRERAM NA SUA VIDA. MOSTRE COM QUAIS PESSOAS VOCÊ CONVIVIA E PASSOU A CONVIVER, QUAIS MUDANÇAS ACONTECERAM NO SEU COTIDIANO, ENTRE OUTROS. O TEXTO DEVE APARECER EM BALÕES, ESCRITO EM LETRA BASTÃO.

Cibele Queiroz/Arquivo da editora

EM UMA LINHA DO TEMPO, PODEMOS REPRESENTAR O QUE PASSOU, O QUE ESTÁ ACONTECENDO E O QUE PODERÁ ACONTECER.

1 MONTE A SUA LINHA DO TEMPO, MOSTRANDO OS FATOS MAIS MARCANTES DO SEU DIA A DIA. ESCREVA NELA O QUE VOCÊ FEZ ONTEM, ESTÁ FAZENDO HOJE E VAI FAZER AMANHÃ.

ONTEM	HOJE	AMANHÃ
______	______	______
______	______	______

2 AGORA, FAÇA A LINHA DO TEMPO DA SUA VIDA. PARA ISSO, LEVANTE INFORMAÇÕES COM SEUS FAMILIARES E ANOTE O ANO EM QUE VOCÊ:

- NASCEU: ______
- APRENDEU A FALAR: ______
- APRENDEU A ANDAR: ______
- ENTROU NA ESCOLA: ______

A) PINTE A LINHA DO TEMPO COM AS CORES INDICADAS ABAIXO:

.....	2011	2012	2013	2014	2015	2016	2017	2018	2019	2020	2021	2022	20___	20___

- DE **VERDE**, O ANO EM QUE VOCÊ NASCEU;
- DE **AZUL**, O ANO EM QUE VOCÊ APRENDEU A ANDAR;
- DE **ROSA**, O ANO EM QUE VOCÊ APRENDEU A FALAR;
- DE **MARROM**, O ANO EM QUE VOCÊ ENTROU NO 1º ANO DA ESCOLA;
- DE **VERMELHO**, O ANO EM QUE ESTAMOS.

B) PREENCHA NA LINHA DO TEMPO:

- O ANO EM QUE VOCÊ ESTARÁ NO 7º ANO;
- O ANO EM QUE VOCÊ VAI TERMINAR O ENSINO MÉDIO.

SAIBA MAIS

LEIA COM O PROFESSOR A HISTÓRIA DO CEBOLINHA. ELA MOSTRA O QUE ACONTECE ANTES E DEPOIS DE O CEBOLINHA SE ENCONTRAR COM O CASCÃO. DEPOIS, DISCUTA COM OS COLEGAS AS QUESTÕES ABAIXO.

MAURICIO DE SOUSA. SUPLEMENTO INFANTIL ESTADINHO. **O ESTADO DE S. PAULO**, 1º DEZ. 2012.

1 COMO ESTAVA O CEBOLINHA ANTES DE FALAR COM O CASCÃO?

2 O QUE O CASCÃO FALOU PARA O CEBOLINHA?

3 O QUE ACONTECEU COM O CEBOLINHA DEPOIS DE FALAR COM O CASCÃO?

Capítulo 2

CADA CRIANÇA COM SUA HISTÓRIA

CADA CRIANÇA TEM SUA HISTÓRIA E ELA É DIFERENTE DAS HISTÓRIAS DAS OUTRAS PESSOAS!

LEIA O POEMA. DEPOIS, DISCUTA COM SEUS COLEGAS E O SEU PROFESSOR AS QUESTÕES ABAIXO.

DIVERSIDADE

[...]
DE PELE CLARA
DE PELE ESCURA
UM, FALA BRANDA
O OUTRO, DURA
OLHO REDONDO
OLHO PUXADO
NARIZ PONTUDO
OU ARREBITADO
CABELO CRESPO
CABELO LISO
DENTE DE LEITE
DENTE DE SISO
UM É MENINO
OUTRO É MENINA (PODE SER
GRANDE OU PEQUENINA)
UM É BEM JOVEM
OUTRO, DE IDADE
NADA É DEFEITO
NEM QUALIDADE
TUDO É HUMANO,
BEM DIFERENTE
ASSIM, ASSADO TODOS SÃO GENTE.
[...]

TATIANA BELINKY. **DIVERSIDADE**. SÃO PAULO: FTD, 2015.

DENTE DE SISO: SÃO OS QUATRO ÚLTIMOS DENTES A NASCER, NORMALMENTE NO INÍCIO DA FASE ADULTA DE UMA PESSOA.

Cibele Queiroz/Arquivo da editora

PARA INICIAR

1. O TEXTO DIZ QUE AS CRIANÇAS SÃO DIFERENTES. VOCÊ TAMBÉM PENSA ASSIM? POR QUÊ?

2. COM TRÊS COLEGAS, ESCOLHA UMA DAS CRIANÇAS DA ILUSTRAÇÃO ACIMA E IMAGINE UMA HISTÓRIA PARA ELA. CONTEM PARA A CLASSE.

AS CRIANÇAS BRASILEIRAS

VOCÊ PERCEBEU COMO AS HISTÓRIAS QUE VOCÊ E SEUS COLEGAS DE CLASSE CRIARAM PARA AS CRIANÇAS DA ILUSTRAÇÃO DA PÁGINA ANTERIOR SÃO DIFERENTES?

NA VIDA REAL, CADA CRIANÇA TEM UMA HISTÓRIA SÓ DELA, DIFERENTE E ÚNICA. ISSO ACONTECE NO BRASIL E EM TODOS OS LUGARES DO MUNDO.

VEJA ALGUMAS FOTOS DE CRIANÇAS DE DIFERENTES LUGARES DO BRASIL. O QUE HÁ DE SEMELHANTE E DE DIFERENTE ENTRE ESSAS CRIANÇAS?

Luciola Zvarick/Pulsar Imagens

CRIANÇAS KALAPALO, DA ALDEIA AIHA KALAPALO, BRINCANDO EM RIO. PARQUE INDÍGENA DO XINGU, MATO GROSSO, 2016.

Sergio Pedreira/Pulsar Imagens

MENINAS BRINCANDO DE PULAR CORDA. SANTALUZ, BAHIA, 2014.

Marcos André/Opção Brasil Ima

CRIANÇAS BRINCANDO EM TURMALINA, VALE DO JEQUITINHONHA, MINAS GERAIS, 2015.

Delfim Martins/Pulsar Imagens

CRIANÇAS DA ALDEIA AIHA KALAPALO EM BRINCADEIRA QUE SIMULA ESPORTES OLÍMPICOS. QUERÊNCIA, MATO GROSSO, 2012.

OS LUGARES ONDE AS CRIANÇAS BRASILEIRAS VIVEM SÃO MUITOS E VARIADOS. MUITAS CRIANÇAS VIVEM NA CIDADE, OUTRAS NO CAMPO OU NA FLORESTA; UMAS VIVEM À BEIRA-MAR, OUTRAS NO INTERIOR DO PAÍS.

NO TEXTO ABAIXO, DANIEL MUNDURUKU CONTA COMO É A INFÂNCIA DO POVO MUNDURUKU. ESSE POVO INDÍGENA VIVE, EM SUA MAIORIA, ÀS MARGENS DO RIO TAPAJÓS NO ESTADO DO PARÁ, MAS TAMBÉM ESTÃO SITUADOS NOS ESTADOS DO AMAZONAS E MATO GROSSO.

EU VIVO NA FLORESTA

MEU NOME É KABÁ DAREBU.
TENHO 7 ANOS E SOU DO POVO MUNDURUKU.
MEU POVO VIVE NA FLORESTA AMAZÔNICA E GOSTA MUITO DA NATUREZA.
MEU POVO VIVE EM CASAS FEITAS DE BARRO, COBERTAS COM FOLHAS DE PALMEIRAS. ASSIM É MINHA CASA... DENTRO DELA CABE MUITA GENTE: PAPAI, MAMÃE, MEUS IRMÃOS E IRMÃS, MEUS AVÓS, TIOS E ALGUNS PRIMOS.
QUANDO EXISTE UM MONTE DE CASAS JUNTAS NÓS CHAMAMOS DE ALDEIA. PERTO DA ALDEIA TEM SEMPRE UM RIO ONDE A GENTE BRINCA.

Marilde Castanha (il.). Em: *O segredo da chuva*. Daniel Munduruku.

DANIEL MUNDURUKU E MARIE THEREZE KOWALCZIK. **KABÁ DAREBU**. SÃO PAULO: BRINQUE-BOOK, 2011. (ADAPTADO.)

1. TROQUE IDEIAS COM OS COLEGAS E RESPONDA: ONDE VIVE KABÁ DAREBU? E ONDE VOCÊ VIVE COM SUA FAMÍLIA?

2. A CASA DE KABÁ DAREBU É FEITA DE BARRO E COBERTA COM FOLHAS DE PALMEIRAS. E A SUA CASA, COMO É?

AS CRIANÇAS QUE VIVEM NAS CIDADES GERALMENTE TÊM POUCO CONTATO COM A NATUREZA. PODE SER QUE NUNCA TENHAM SUBIDO EM UMA ÁRVORE PARA COLHER UMA FRUTA OU QUE NUNCA TENHAM TOMADO BANHO DE RIO.

1 OBSERVE AS FOTOS E DEPOIS RESPONDA ÀS QUESTÕES.

Fernando Favoretto/Criar Imagem

CRIANÇAS BRINCAM EM CONDOMÍNIO EM SÃO CAETANO, ESTADO DE SÃO PAULO, 2016.

Fernando Favoretto/Criar Imagens

CRIANÇAS JOGANDO *VIDEOGAME* E MONTANDO PEÇAS NA CIDADE DE SÃO PAULO, ESTADO DE SÃO PAULO, 2016.

A) QUAL É A DIFERENÇA ENTRE A VIDA DAS CRIANÇAS QUE VIVEM NA CIDADE E A VIDA DAS CRIANÇAS INDÍGENAS QUE MORAM EM ALDEIAS?

___

___

B) VOCÊ REALIZA ALGUMA DAS ATIVIDADES RETRATADAS NAS FOTOGRAFIAS?

___

___

2 ESCREVA O NOME DE TRÊS BRINCADEIRAS DE QUE VOCÊ GOSTA.

___

___

DESAFIO

TODAS AS CRIANÇAS DEVEM FREQUENTAR A ESCOLA: AS QUE MORAM NA CIDADE, NO CAMPO, NAS ALDEIAS INDÍGENAS, NAS COMUNIDADES QUILOMBOLAS...TODAS TÊM DIREITO À EDUCAÇÃO.

AS ESCOLAS PODEM SER MUITO DIFERENTES UMAS DAS OUTRAS. ALGUMAS ESCOLAS **RURAIS** FUNCIONAM EM REGIME DE **INTERNATO** E, ALÉM DAS DISCIPLINAS TRADICIONAIS, TÊM AULAS DE COMO PLANTAR E LIDAR COM ANIMAIS. AS ESCOLAS INDÍGENAS TÊM AULAS NA LÍNGUA DE SUA TRIBO, ENTRE OUTRAS DIFERENÇAS. HÁ TAMBÉM AS ESCOLAS DAS COMUNIDADES QUILOMBOLAS, QUE PRESERVAM SUAS TRADIÇÕES, E AS ESCOLAS MULTISSERIADAS, EM QUE AS AULAS SÃO DADAS PARA VÁRIAS SÉRIES OU ANOS NA MESMA SALA.

RURAL: QUE VEM DO CAMPO OU ESTÁ LOCALIZADO NELE.

INTERNATO: QUANDO OS ALUNOS MORAM DURANTE UM TEMPO NA ESCOLA.

OBSERVE ABAIXO ALGUMAS ESCOLAS NO BRASIL E DEPOIS FAÇA O QUE SE PEDE.

Eduardo Zappia/Pulsar Imagens

ALUNOS DE ESCOLA AGRÍCOLA EM AULA DE CAMPO. INDEPENDÊNCIA, ESTADO DO CEARÁ, 2013.

Renato Soares/Pulsar Imagens

SALA DE AULA DE ESCOLA INDÍGENA NA RESERVA DA JAQUEIRA, TERRA INDÍGENA PATAXÓ. PORTO SEGURO, BAHIA, 2014.

Cesar Diniz/Pulsar Imagens

ALUNOS DE COMUNIDADE QUILOMBOLA EM FESTA DE CULTURA AFRO. ARARUAMA, RIO DE JANEIRO, 2015.

Luciana Whitaker/Pulsar Imagens

SALA DE AULA DE TURMAS COMBINADAS DE 3ª A 5ª SÉRIE. ALÉM PARAÍBA, ESTADO DE MINAS GERIAS, 2014.

A) QUAIS SÃO AS DIFERENÇAS E AS SEMELHANÇAS ENTRE A ESCOLA EM QUE VOCÊ ESTUDA E AS ESCOLAS MOSTRADAS ACIMA?

B) SUA VEZ! REÚNA-SE COM DOIS COLEGAS E IMAGINEM UMA ESCOLA DIFERENTE DE TODAS AS QUE VOCÊS CONHECEM. COMO ELA SERIA? QUE MATÉRIAS ELA TERIA? COMO SERIA A ORGANIZAÇÃO DAS SALAS? COMPARTILHE COM SEUS COLEGAS AS SUAS IDEIAS.

ASSIM TAMBÉM APRENDO

APESAR DE AS CRIANÇAS VIVEREM EM GRUPOS SOCIAIS DIFERENTES, ELAS PODEM TER OS MESMOS SENTIMENTOS E OS MESMOS SONHOS.

LEIA A HISTÓRIA DO PAPA-CAPIM E DO LUCAS:

MAURICIO DE SOUSA. **ALMANAQUE DO CASCÃO**. SÃO PAULO: GLOBO, N. 76. JULHO DE 2003.

COM SEUS COLEGAS DE CLASSE, COMPAREM A VIDA DE CRIANÇAS QUE VIVEM EM LUGARES DIFERENTES. FALEM SOBRE AS SEMELHANÇAS E AS DIFERENÇAS.

AS CRIANÇAS DE OUTROS PAÍSES

NO MUNDO HÁ MILHÕES DE CRIANÇAS. HÁ MUITA DIVERSIDADE ENTRE ELAS: A COR DA PELE, OS OLHOS, O CABELO, O FORMATO DO NARIZ, A ALTURA, A MANEIRA DE PENSAR, DE FALAR, DE SE VESTIR, DE MORAR, DE SE ALIMENTAR E OUTRAS DIFERENÇAS.

CADA CRIANÇA É DE UM JEITO, MAS AO MESMO TEMPO TODAS TÊM MUITA COISA EM COMUM.

VEJA AS FOTOS E LEIA SOBRE A VIDA DESTAS CRIANÇAS.

Roman Babakin/iStock Editorial/Getty Images Plus

NA COREIA DO SUL AS CRIANÇAS APRENDEM DESDE CEDO A COMER PIMENTA. A COMIDA MAIS COMUM NO PAÍS É O *KIMCHI*, UM PRATO DE LEGUMES APIMENTADO. AS FAMÍLIAS COMEM *KIMCHI* NO CAFÉ DA MANHÃ, NO ALMOÇO E NO JANTAR. ALGUNS INSETOS TAMBÉM SÃO APRECIADOS NA CULINÁRIA POR MUITA GENTE.

Caio Vilela/Acervo do fotógrafo

NO SUL DA CROÁCIA FICA UMA REGIÃO CHAMADA DALMÁCIA. É DE LÁ UMA RAÇA DE CÃES BRANCOS COM PINTAS PRETAS CHAMADA DÁLMATA. NA DALMÁCIA, AS CIDADES LITORÂNEAS SÃO CERCADAS POR MURALHAS, PAREDES DE PEDRA QUE FORAM CONSTRUÍDAS HÁ CENTENAS DE ANOS PARA PROTEGER A REGIÃO DE ATAQUES DE INVASORES.

MESMO FALANDO LÍNGUAS DIFERENTES DO PORTUGUÊS E TENDO COSTUMES DIFERENTES, TODA CRIANÇA É COMO VOCÊ: GOSTA DE TER UMA FAMÍLIA, DE ESTUDAR E BRINCAR. AS CRIANÇAS DE TODOS OS LUGARES DO PLANETA TAMBÉM TÊM SEUS GOSTOS E DESGOSTOS, SONHOS E MEDOS, COMO TODO MUNDO.

1 VOCÊ LEU SOBRE REALIDADES DE DIFERENTES CRIANÇAS. AGORA, FALE SOBRE A SUA: COMO É SER CRIANÇA ONDE VOCÊ MORA?

2 A PARTIR DO QUE VOCÊ LEU NO TEXTO, COMPLETE A FRASE COM A PALAVRA OU AS PALAVRAS QUE FALTAM:

TODAS AS CRIANÇAS DO MUNDO, POR MAIS DIFERENTES ENTRE SI, GOSTAM DE ______

MINHA COLEÇÃO DE PALAVRAS DE HISTÓRIA

A PALAVRA ABAIXO É MUITO IMPORTANTE PARA O ESTUDO DA HISTÓRIA DOS GRUPOS HUMANOS:

DIVERSIDADE

1 AS PÁGINAS DESTE CAPÍTULO MOSTRAM QUE HÁ MUITA DIVERSIDADE ENTRE AS CRIANÇAS DE TODAS AS PARTES DO MUNDO. VOCÊ ACHA QUE A DIVERSIDADE DEVE SER RESPEITADA? DISCUTA SOBRE ISSO COM SEUS COLEGAS.

2 AGORA, ESCREVA UMA FRASE COM A PALAVRA "DIVERSIDADE", EXPLICANDO POR QUE É NECESSÁRIO RESPEITARMOS AS DIFERENÇAS ENTRE OS SERES HUMANOS E POR QUE É IMPORTANTE UM MUNDO DIVERSIFICADO.

ATUALMENTE QUASE TODAS AS CRIANÇAS TÊM CONTATO COM O RESTANTE DO MUNDO, PRINCIPALMENTE PELOS MEIOS DE COMUNICAÇÃO. ASSIM, ELAS CONHECEM E PASSAM A TER HÁBITOS E COSTUMES DE DIVERSOS LUGARES QUE SEUS ANTEPASSADOS DESCONHECIAM.

VEJA AS FOTOS DAS CRIANÇAS COM TRAJES TRADICIONAIS E SAIBA UM POUCO MAIS SOBRE O PAÍS E O DIA A DIA DE ALGUMAS DELAS.

SABAH – BEDUÍNO

Hemis/Alamy/Fotoarena

MEU NOME É SABAH, MORO NA JORDÂNIA E PERTENÇO AO POVO BEDUÍNO. OS BEDUÍNOS SÃO UM POVO NÔMADE, OU SEJA, NÃO TEMOS MORADIA FIXA E VIVEMOS NOS DESERTOS DO NORTE DA ÁFRICA E DO ORIENTE MÉDIO.

NA ESCOLA MINHAS AULAS COMEÇAM ÀS SETE DA MANHÃ E TERMINAM AO MEIO-DIA. TEMOS AULAS DE MATEMÁTICA, ÁRABE, ESTUDOS SOCIAIS, ARTESANATO, ENTRE OUTRAS. NO DIA A DIA COMEMOS SHURBA, UMA SOPA FEITA COM IOGURTE, ARROZ, CEBOLA E MACARRÃO, ACOMPANHADA DE UM PÃO ACHATADO CHAMADO KHOBKZ.

DAISUKE – JAPONESA

MEU NOME É DAISUKE E EU MORO EM UMA FAZENDA NO JAPÃO, UM PAÍS MONTANHOSO, FORMADO POR DIVERSAS ILHAS.

Malcolm Fairman/Alamy/Fotoarena

VOU À ESCOLA DE SEGUNDA A SÁBADO, COM UM SÁBADO SEM AULA A CADA MÊS. NOS INTERVALOS DAS AULAS GOSTAMOS DE BRINCAR DE UM JOGO SEMELHANTE À QUEIMADA. NO DIA A DIA COMEMOS MUITO PEIXE E ARROZ, ALÉM DE LEGUMES. TAMBÉM COMEMOS CARNE DE PORCO E SOPA DE MACARRÃO.

ARI – LAPÃO

MEU NOME É ARI E EU MORO NA LAPÔNIA, NO NORTE DA FINLÂNDIA, UM PAÍS MUITO FRIO. FAÇO PARTE DO POVO LAPÃO.

NA ESCOLA EU ESTUDO MATEMÁTICA, HISTÓRIA, BIOLOGIA, EDUCAÇÃO ARTÍSTICA E FINLANDÊS. AS AULAS SÃO DADAS NO IDIOMA LAPÃO, PARA QUE NÃO PERCAMOS A TRADIÇÃO DA NOSSA LÍNGUA.

COMEMOS MUITO PEIXE, ALÉM DE CARNES DE CAÇA, COMO RENA E ALCE.

christian kober/Alamy/Fotoarena

NGAWAIATA – MAORI

MEU NOME É NGAWAIATA, SOU DO POVO MAORI E MORO EM UMA CASA NA PRAIA NA NOVA ZELÂNDIA. OS MAORIS FORAM O PRIMEIRO POVO A OCUPAR ESSA REGIÃO.

chemc/Getty Images

NA MINHA ESCOLA TODAS AS AULAS SÃO DADAS NO IDIOMA MAORI E APRENDEMOS A NOSSA HISTÓRIA E CULTURA. OS MAORIS CHEGARAM À NOVA ZELÂNDIA HÁ MAIS DE MIL ANOS, VINDOS DE OUTRAS ILHAS EM GRANDES CANOAS. GOSTO MUITO DE PESCAR E COMER PEIXES E MARISCOS.

ESTA – MASSAI

MEU NOME É ESTA, SOU DO POVO MASSAI E MORO NA TANZÂNIA. PARTE DO MEU POVO VIVE COMO NÔMADE, MAS A MINHA FAMÍLIA MORA EM UMA CASA PERMANENTE.

Hemis/Alamy/Fotoarena

A MINHA ESCOLA FICA LONGE E EU VOU ANDANDO A PÉ. NA ESCOLA APRENDEMOS ESCRITA E MATEMÁTICA. OS PROFESSORES DÃO AULA NA LÍNGUA SUAÍLI, A LÍNGUA OFICIAL DA TANZÂNIA, MAS EM CASA EU FALO MASSAI. NAS NOSSAS REFEIÇÕES É COMUM COMERMOS ENGURMA, UM MINGAU GROSSO FEITO DE MILHO, ALÉM DE FEIJÃO, CARNE E LEITE DE VACA.

OSCAR – AIMARÁ

MEU NOME É OSCAR, SOU UM ÍNDIO AIMARÁ E MORO NA BOLÍVIA.

EU VOU PARA A ESCOLA DE BICICLETA. LÁ APRENDO MATEMÁTICA, ESPANHOL, AIMARÁ E CIÊNCIAS. COSTUMO AJUDAR MINHA FAMÍLIA NO PLANTIO DE BATATAS E NA CRIAÇÃO DE ANIMAIS. NÓS NOS ALIMENTAMOS DE ARROZ, MACARRÃO E BATATAS, ALÉM DE CARNE QUE COMPRAMOS NA FEIRA OU DE ALGUM ANIMAL QUE ABATEMOS.

Jose Luis Quintana/LatinContent/Getty Images

FONTE: BARNABAS E ANABEL KINDERSLEY. **CRIANÇAS COMO VOCÊ**. SÃO PAULO: ÁTICA, 2002.

1 AS CRIANÇAS RETRATADAS NAS FOTOS DAS PÁGINAS 32, 33 E 34 TÊM AS MESMAS ROUPAS TRADICIONAIS? VOCÊ CONHECE ALGUMA VESTIMENTA TRADICIONAL DO BRASIL?

2 COM UM COLEGA, ESCREVA UM PEQUENO TEXTO SOBRE O BRASIL, ASSIM COMO FIZERAM AS CRIANÇAS DAS PÁGINAS ANTERIORES.

3 COMPLETE O QUADRO ABAIXO COM AS INFORMAÇÕES SOBRE AS CRIANÇAS APRESENTADAS NAS PÁGINAS 32, 33 E 34 E POR ÚLTIMO COM AS SUAS.

QUEM É	LUGAR ONDE MORA	COMO É A ESCOLA	O QUE COME
SABAH			
DAISUKE			
ARI			
NGAWAIATA			
ESTA			
OSCAR			
VOCÊ			

O QUE ESTUDAMOS

EU ESCREVO E APRENDO

AS FRASES ABAIXO APARECEM NOS CAPÍTULOS DA UNIDADE 1. COPIE, ABAIXO DE CADA UMA DELAS, OUTRA FRASE SOBRE O QUE VOCÊ MAIS GOSTOU DE APRENDER EM CADA CAPÍTULO.

CAPÍTULO 1 – EU AINDA SOU CRIANÇA

CADA PESSOA TEM UMA HISTÓRIA SÓ SUA, DIFERENTE DA HISTÓRIA DAS OUTRAS PESSOAS.

____

CAPÍTULO 2 – CADA CRIANÇA COM SUA HISTÓRIA

CADA CRIANÇA É DE UM JEITO, MAS AO MESMO TEMPO TODAS TÊM MUITA COISA EM COMUM.

____

MINHA COLEÇÃO DE PALAVRAS DE HISTÓRIA

EM CADA CAPÍTULO DA UNIDADE, HÁ UMA PALAVRA DESTACADA PARA A MINHA COLEÇÃO DE PALAVRAS DE HISTÓRIA. VOCÊ TAMBÉM FEZ ATIVIDADES COM ESSAS PALAVRAS PARA SABER COMO UTILIZÁ-LAS QUANDO PRECISAR ESCREVER UM PEQUENO TEXTO DE HISTÓRIA. VEJA QUAIS SÃO ESSAS PALAVRAS NO QUADRO AO LADO.

DOCUMENTO, PÁGINA 15.

DIVERSIDADE, PÁGINA 31.

1. O QUE VOCÊ APRENDEU AO ESTUDAR ESSAS DUAS PALAVRAS? DISCUTA COM OS COLEGAS.
2. EM UM QUADRO NO SEU CADERNO ESCREVA ESSAS DUAS PALAVRAS E O SIGNIFICADO DE CADA UMA DELAS. O SIGNIFICADO DEVE ESTAR LIGADO AO QUE VOCÊ APRENDEU NO CAPÍTULO.

EU DESENHO E APRENDO

1. OS DESENHOS ABAIXO REPRESENTAM ASSUNTOS IMPORTANTES ESTUDADOS EM CADA CAPÍTULO DA UNIDADE 1. OBSERVE-OS ATENTAMENTE.

CAPÍTULO 1
EU AINDA SOU CRIANÇA

CAPÍTULO 2
CADA CRIANÇA COM SUA HISTÓRIA

Ilustrações: Ilustra Cartoon/Arquivo da editora

2. AGORA É A SUA VEZ! PARA CADA CAPÍTULO, FAÇA UM DESENHO DO QUE VOCÊ MAIS GOSTOU OU ACHOU IMPORTANTE ESTUDAR NESTA UNIDADE DO LIVRO. SE PREFERIR, FAÇA UMA COLAGEM.

CAPÍTULO 1	CAPÍTULO 2

HORA DE ORGANIZAR O QUE ESTUDAMOS

Cibele Queiroz/Arquivo da editora

- O TEMPO PASSA. PARA REGISTRAR QUANDO OCORRERAM OS ACONTECIMENTOS PASSADOS E PRESENTES, PODEMOS FAZER LINHAS DO TEMPO.

Fotos: Álbum de família/Arquivo da editora

- AS PESSOAS TÊM DIFERENTES HISTÓRIAS. O QUE ACONTECEU É O PASSADO. O QUE AINDA VAI ACONTECER É O FUTURO. E O QUE ESTÁ ACONTECENDO AGORA É O PRESENTE.

- A VIDA DAS CRIANÇAS PODE SER BEM DIFERENTE. MUITAS COISAS PODEM INFLUENCIAR NO QUE UMA CRIANÇA FAZ: A ÉPOCA EM QUE ELA VIVE, O LOCAL EM QUE ELA MORA, ENTRE OUTRAS.

- CRIANÇAS DE OUTROS PAÍSES PODEM SER DIFERENTES DE VOCÊ, MAS TÊM ALGO EM COMUM: GOSTAM DE BRINCAR E DE ESTUDAR, DE TER UMA FAMÍLIA E DE SONHAR.

Marilda Castanha (il.). Em: *O segredo da chuva*. Daniel Munduruku.

SUGESTÕES DE...

LIVROS

Reprodução/Acervo da Editora

ANA E ANA. CELIA GODOY, DCL EDITORA.

ESTE LIVRO CONTA A HISTÓRIA DE DUAS IRMÃS GÊMEAS. TODO MUNDO IMAGINAVA QUE ELAS ERAM IGUAIS E GOSTAVAM DAS MESMAS COISAS! MAS A VERDADE É QUE CADA UMA DELAS TINHA GOSTOS E OPINIÕES DIFERENTES.

Reprodução/Acervo da Editora

BEM-VINDO À FAMÍLIA! MARY HOFFMAN, EDIÇÕES SM.

ESTE LIVRO FALA, COM MUITO HUMOR, SOBRE OS VÁRIOS TIPOS DE FAMÍLIA. VAMOS CONHECER OS DIVERSOS TIPOS DE GRUPOS FAMILIARES?

Reprodução/Acervo da Editora

BIA NA ÁFRICA. RICARDO DREGUER, MODERNA.

A MÃE DE BIA VIAJA PELO MUNDO TODO A TRABALHO. NESTE LIVRO, AO ACOMPANHAR SUA MÃE PELO CONTINENTE AFRICANO, BIA CONHECE A CULTURA E O DIA A DIA DE DIVERSOS PAÍSES.

Reprodução/Acervo da Editora

NOITE E DIA NA ALDEIA. TIAGO HAKIY, POSITIVO.

O AUTOR DESTE LIVRO PERTENCE AO POVO INDÍGENA SATERÉ MAWÉ. NESTA OBRA, ELE FALA SOBRE A VIDA DAS CRIANÇAS NA ALDEIA, SOBRE A RELAÇÃO DELAS COM A NATUREZA E COM O DIA E A NOITE.

SITE

TIRINHAS DA TURMA DA MÔNICA. DISPONÍVEL EM: <HTTP://TURMADAMONICA.UOL.COM.BR/TIRINHAS>.

PARA LER TIRINHAS DA TURMA DA MÔNICA, BASTA NAVEGAR PELA PÁGINA E CLICAR NA TIRINHA DE SEU INTERESSE. ACESSO EM: 12 JUL. 2017.

PARA VOCÊ REFLETIR E CONVERSAR

- DE QUAL ASSUNTO VOCÊ GOSTOU MAIS NESTA UNIDADE?
- VOCÊ TEVE DIFICULDADE PARA ENTENDER ALGUMA ATIVIDADE OU ALGUMA EXPLICAÇÃO?
- ESCOLHA A IMAGEM DE QUE VOCÊ MAIS GOSTOU NESTA UNIDADE. CONTE AOS COLEGAS O MOTIVO DE SUA ESCOLHA.

Unidade 2

VAMOS MEDIR O TEMPO?

Cecília Esteves/Arquivo da editora

- O QUE VOCÊ COSTUMA FAZER DURANTE O DIA?
- VOCÊ FAZ AS MESMAS ATIVIDADES DURANTE O DIA E DURANTE A NOITE?
- VOCÊ SABE MEDIR A PASSAGEM DO TEMPO?

Capítulo 3

O TIQUE-TAQUE DO RELÓGIO

VOCÊ JÁ OUVIU O SOM DE ALGUM RELÓGIO ANTIGO? LEIA A LETRA DA CANÇÃO COM O PROFESSOR.

O RELÓGIO

PASSA, TEMPO, **TIC-TAC**
TIC-TAC, PASSA, HORA
CHEGA LOGO, TIC-TAC
TIC-TAC, E VAI-TE EMBORA
PASSA, TEMPO
BEM DEPRESSA
NÃO ATRASA
NÃO DEMORA
QUE JÁ ESTOU
MUITO CANSADO
JÁ PERDI
TODA A ALEGRIA
DE FAZER
MEU TIC-TAC
DIA E NOITE
NOITE E DIA
TIC-TAC
TIC-TAC
TIC-TAC...

TIC-TAC: FORMA QUE O POETA USOU PARA DIZER TIQUE-TAQUE, O SOM PRODUZIDO PELO RELÓGIO.

Cibele Queiroz/Arquivo da editora

VINICIUS DE MORAES E PAULO SOLEDADE. O RELÓGIO. INTÉRPRETE: VINICIUS DE MORAES. IN: **A ARCA DE NOÉ**. SÃO PAULO: UNIVERSAL, 1996.

PARA INICIAR

1. EXPLIQUE O QUE VOCÊ ENTENDE DOS VERSOS: "NÃO DEMORA / QUE JÁ ESTOU / MUITO CANSADO".

2. QUE OUTRO TÍTULO VOCÊ DARIA PARA ESSA CANÇÃO?

QUANTAS HORAS TEM O DIA?

UM DIA TEM 24 HORAS. ELE TEM UM PERÍODO CLARO (DIA) E UM PERÍODO ESCURO (NOITE).

OBSERVE A ILUSTRAÇÃO. ELA REPRESENTA O DIA TODO EM UM ÚNICO DESENHO PARA VOCÊ OBSERVAR O QUE OCORRE EM 24 HORAS:

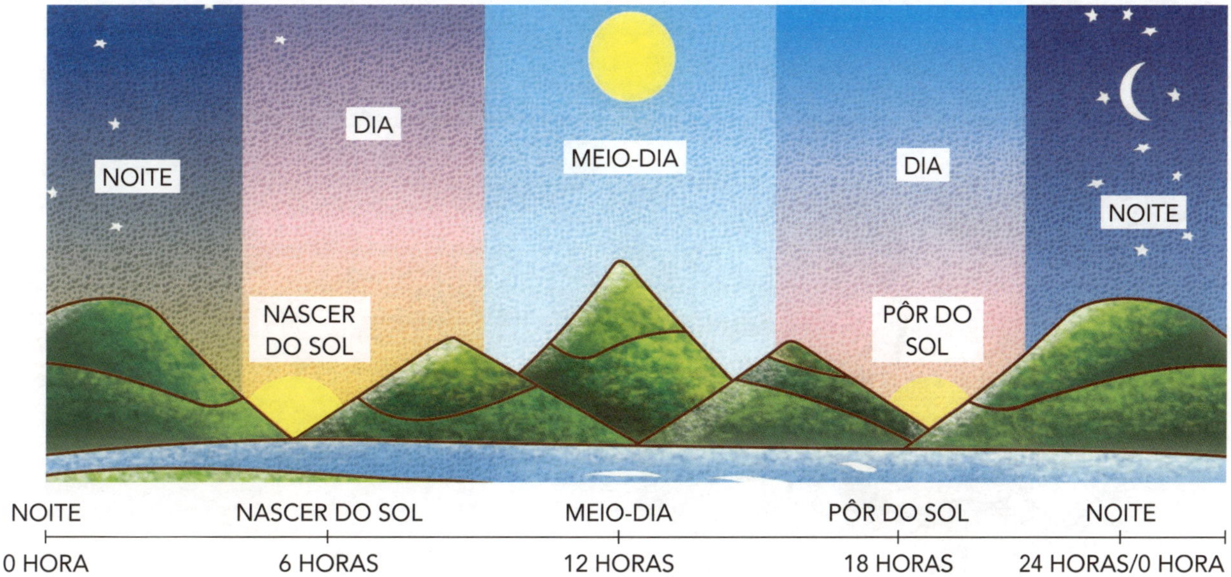

Lie Kobayashi/Arquivo da editora

1 PINTE O QUADRINHO COM AS PALAVRAS QUE COMPLETAM CADA FRASE CORRETAMENTE:

A) O "NASCER DO SOL" MARCA O INÍCIO

☐ DA NOITE. ☐ DO DIA.

B) O "PÔR DO SOL" MARCA O INÍCIO

☐ DA NOITE. ☐ DO DIA.

2 ASSINALE AS PALAVRAS RELACIONADAS COM A MARCAÇÃO DO TEMPO:

☐ HORA ☐ CASA ☐ RUA

☐ SEGUNDO ☐ NOITE ☐ MINUTO

☐ MENINO ☐ AVÔ ☐ DIA

NO DESENHO A SEGUIR VOCÊ VÊ COMO FOI O DIA DE UM MENINO, DIVIDIDO EM 24 HORAS.

1 PINTE:

- DE **AMARELO** AS HORAS EM QUE O DIA ESTÁ CLARO;
- DE **AZUL** AS HORAS EM QUE O DIA ESTÁ ESCURO.

2 CONVERSE COM O PROFESSOR E OS COLEGAS SOBRE OS HORÁRIOS EM QUE O DIA ESTÁ CLARO E EM QUE ESTÁ ESCURO NO LUGAR ONDE VOCÊ MORA.

3 LIGUE CADA ATIVIDADE À HORA DO DIA EM QUE VOCÊ A REALIZA.

Ilustrações: Cibele Queiroz/Arquivo da editora

O RELÓGIO

O RELÓGIO NOS AJUDA A ORGANIZAR AS ATIVIDADES DIÁRIAS. ELE MARCA O TEMPO QUE PASSA EM HORAS E MINUTOS.

AO VER AS HORAS, PODEMOS SABER SE É TEMPO DE FAZER NOSSAS TAREFAS DIÁRIAS OU DE DESCANSAR.

LEIA O POEMA COM O PROFESSOR E DEPOIS RESPONDA ÀS PERGUNTAS.

H DE HORA

HÁ HORA PRA TUDO, DIZEM.
E TUDO TEM SUA HORA.
MAS NINGUÉM FEZ NO RELÓGIO
A HORA DE **NÃO TER HORA**.

ELZA BEATRIZ. H DE HORA. **PARE NO P DA POESIA**. SÃO PAULO: FTD, 2013.

Cibele Queiroz/Arquivo da editora

NÃO TER HORA: ACONTECER OU FAZER ALGO SEM HORA MARCADA OU PLANEJADA.

1. VOCÊ JÁ USOU UM RELÓGIO PARA SABER QUE HORAS SÃO?

2. QUAL É O TIPO DE RELÓGIO MAIS UTILIZADO EM SUA CASA?

3. COM A AJUDA DO PROFESSOR, VOCÊ VAI APRENDER A LER AS HORAS. OBSERVE OS QUATRO RELÓGIOS ABAIXO. OS DOIS À DIREITA SÃO ANALÓGICOS E OS DOIS À ESQUERDA SÃO DIGITAIS. NO RELÓGIO ANALÓGICO O PONTEIRO PEQUENO MARCA AS HORAS E O GRANDE MARCA OS MINUTOS. ANOTE O HORÁRIO MARCADO EM CADA UM DOS RELÓGIOS.

Cibele Queiroz/Arquivo da editora

UMA HORA TEM SEMPRE 60 MINUTOS E CADA MINUTO TEM SEMPRE 60 SEGUNDOS. MAS, ÀS VEZES, TEMOS A SENSAÇÃO DE QUE O TEMPO DEMORA A PASSAR. OUTRAS VEZES, ACHAMOS QUE ELE PASSA TÃO RÁPIDO QUE NEM PERCEBEMOS.

1. O PROFESSOR VAI MARCAR UM MINUTO NO RELÓGIO. DURANTE ESSE PERÍODO, FIQUE SENTADO, EM SILÊNCIO, NA SUA CARTEIRA. DEPOIS, O PROFESSOR VAI MARCAR UM MINUTO NOVAMENTE: AGORA CONVERSE COM OS COLEGAS. QUAL PERÍODO DEMOROU MAIS PARA PASSAR, O PRIMEIRO OU O SEGUNDO?

2. PISCAR OS OLHOS E FECHAR A PORTA SÃO COISAS QUE PODEM DURAR UM SEGUNDO. COLOQUE AS PALAVRAS DO QUADRO A SEGUIR NA ORDEM CERTA PARA FORMAR A FRASE E DESCUBRA OUTRA ATIVIDADE QUE PODE SER FEITA EM UM SEGUNDO:

BOLA	MENINO	A	CHUTA	O

ASSIM TAMBÉM APRENDO

COSTUMAMOS DIZER QUE TEMOS HORA PARA TUDO: PARA ACORDAR, CHEGAR À ESCOLA, ALMOÇAR, BRINCAR, VER TELEVISÃO, TOMAR BANHO, JANTAR OU DORMIR. SERÁ QUE TODAS ESSAS ATIVIDADES DURAM EXATAMENTE UMA HORA?

1. LEIA A HISTÓRIA E EXPLIQUE POR QUE ELA É ENGRAÇADA.

MAURICIO DE SOUSA. **REVISTA CHICO BENTO**. SÃO PAULO: GLOBO, N. 255, 1996.

2. A QUE HORAS VOCÊ COSTUMA TOMAR BANHO? ______

NA MESMA HORA, AO MESMO TEMPO

EM UM JOGO DE FUTEBOL, AO MESMO TEMPO QUE OS JOGADORES DISPUTAM A BOLA, O JUIZ APITA O JOGO E AS TORCIDAS VIBRAM. COMO VOCÊ VÊ, SÃO VÁRIAS ATIVIDADES SIMULTÂNEAS, OU SEJA, ELAS ACONTECEM NA MESMA HORA.

NO DIA A DIA MUITAS COISAS ACONTECEM AO MESMO TEMPO.

LEIA O TEXTO A SEGUIR.

É PRECISO FAZER SINAL AO MOTORISTA

A SENHORA ESPERAVA O ÔNIBUS.
O SENHOR ESPERAVA O ÔNIBUS.
PASSA UM CACHORRO QUE MANCA.
A SENHORA FICA OLHANDO O CACHORRO.
O SENHOR FICA OLHANDO O CACHORRO.
NESSE MEIO-TEMPO O ÔNIBUS PASSOU.

Cibele Queiroz/Arquivo da editora

RAYMOND QUENEAU. É PRECISO FAZER SINAL AO MOTORISTA. IN: JOSÉ PAULO PAES (ORG.). **RI MELHOR QUEM RI PRIMEIRO**. SÃO PAULO: COMPANHIA DAS LETRINHAS, 2000.

1. O QUE A SENHORA E O SENHOR ESTAVAM FAZENDO?

____

2. O QUE OS DOIS FIZERAM QUANDO O CACHORRO PASSOU?

____

3. E O QUE ACONTECEU NO FINAL?

____

OBSERVE A SALA E A COZINHA DA CASA DE PEDRO. LÁ TAMBÉM OCORREM MUITAS COISAS AO MESMO TEMPO.

Cibele Queiroz/Arquivo da editora

1 QUE COISAS ACONTECEM AO MESMO TEMPO NA CASA DELE?

____

____

2 RECORTE, DE UM JORNAL OU DE UMA REVISTA, UMA CENA COM PELO MENOS TRÊS COISAS ACONTECENDO AO MESMO TEMPO. COLE NO CADERNO OU EM UMA FOLHA SEPARADA.

3 QUE ATIVIDADES VOCÊ E AS PESSOAS QUE MORAM COM VOCÊ FAZEM AO MESMO TEMPO? COMPLETE O QUADRO.

PERÍODO	VOCÊ	UMA PESSOA QUE MORE COM VOCÊ
DE MANHÃ		
DE TARDE		
DE NOITE		

4 PARA FALAR DO TEMPO QUE PASSA, TAMBÉM USAMOS AS PALAVRAS ABAIXO:

ANTES | ENQUANTO | DEPOIS

A) O QUE VOCÊ FAZ **ANTES** DE VIR PARA A ESCOLA?

B) O QUE VOCÊ FAZ **DEPOIS** DE SAIR DA ESCOLA?

C) O QUE FAZEM OS ADULTOS COM OS QUAIS VOCÊ MORA **ENQUANTO** VOCÊ ESTÁ NA ESCOLA?

D) POR QUE VOCÊ CHEGA À ESCOLA **AO MESMO TEMPO** QUE SEUS COLEGAS?

SAIBA MAIS

COMO VOCÊ ERA ANTES? E COMO VOCÊ É AGORA?

COMPLETE AS FRASES DA FICHA ABAIXO. PINTE AS ILUSTRAÇÕES DE ACORDO COM AS ORIENTAÇÕES DO PROFESSOR.

- MEU NOME É ______________________________.
- NASCI NO DIA ________ DO MÊS DE ____________ DO ANO DE ________.
- HOJE É DIA ________ DO MÊS DE ____________ DO ANO DE ________.
- TENHO ____________ ANOS.
- JÁ PERDI ____________ DENTES DE LEITE.

Ilustrações: Cibele Queiroz/Arquivo da editora

ENQUANTO É DIA NO BRASIL, É NOITE EM UM PAÍS CHAMADO JAPÃO. ENTÃO, QUANDO VOCÊ ESTÁ NA ESCOLA, OU BRINCANDO COM SEUS AMIGOS, UMA CRIANÇA QUE VIVE NO JAPÃO PROVAVELMENTE ESTÁ DORMINDO.

1 PENSE NESTA SITUAÇÃO: PEDRO MORA NO BRASIL E SATOSHI NO JAPÃO.

A) O QUE SATOSHI FAZ NO JAPÃO QUANDO NO BRASIL É MEIO-DIA?

B) E O QUE VOCÊ FAZ QUANDO SATOSHI VAI PARA A ESCOLA ÀS 8 HORAS DA MANHÃ?

2 O QUE VOCÊ CONHECE SOBRE O JAPÃO? CONVERSE COM OS COLEGAS.

MINHA COLEÇÃO DE PALAVRAS DE HISTÓRIA

QUANDO QUEREMOS FALAR DE COISAS QUE ACONTECEM AO MESMO TEMPO, PODEMOS USAR A PALAVRA A SEGUIR:

SIMULTÂNEO

1 IDENTIFIQUE QUAIS EXPRESSÕES ABAIXO TÊM O MESMO SIGNIFICADO DE **SIMULTÂNEO** E CIRCULE-AS.

NO MESMO MOMENTO	POSTERIOR
DEPOIS	NA MESMA HORA
ANTES	ANTERIOR

2 PROCUREM FALAR FRASES COM A PALAVRA **SIMULTANEAMENTE**.

DESAFIO

ENQUANTO É DIA EM UMA METADE DO NOSSO PLANETA, NA OUTRA METADE É NOITE. ISSO ACONTECE PORQUE A TERRA GIRA EM VOLTA DO SOL E AO REDOR DE SI MESMA. PARECE COMPLICADO, MAS NÃO É!

1 EXPERIMENTE FAZER UMA DRAMATIZAÇÃO COM SEUS COLEGAS. O PROFESSOR VAI ORIENTÁ-LOS.

A) FORMEM UM CÍRCULO NA SALA E COLOQUEM UMA CARTEIRA NO CENTRO. SOBRE A CARTEIRA, ACENDAM UM ABAJUR PARA REPRESENTAR O SOL.

B) FAÇAM DUAS PLACAS EM PEDAÇOS DE CARTOLINA OU FOLHAS DE PAPEL. EM UMA, ESCREVAM "BRASIL"; EM OUTRA, "JAPÃO". COM A AJUDA DO PROFESSOR, LOCALIZEM OS PAÍSES EM UM GLOBO TERRESTRE OU EM UM MAPA-MÚNDI.

C) UM DOS COLEGAS DA CLASSE SERÁ A TERRA. ELE DEVERÁ, AO MESMO TEMPO, ANDAR AO REDOR DO SOL E GIRAR EM TORNO DE SI MESMO, COMO UM PIÃO. ELE VAI PRENDER AS PLACAS NA CAMISETA COM FITA-CREPE OU UM GRAMPO. UMA DEVE SER POSTA NA FRENTE (BRASIL) E A OUTRA, NAS COSTAS (JAPÃO).

D) OBSERVE QUE A PARTE DO CORPO DE SEU COLEGA QUE ESTIVER DE FRENTE PARA O ABAJUR É A QUE ESTARÁ SENDO ILUMINADA. O MESMO ACONTECE COM A TERRA EM RELAÇÃO AO SOL.

2 COMO SERIA O MUNDO SE A TERRA NÃO GIRASSE AO REDOR DE SI MESMA?

____

____

3 O QUE A LUZ SOLAR PERMITE QUE VOCÊ VEJA AO OBSERVAR O CÉU DE DIA?

____

____

4 NA AUSÊNCIA DA LUZ SOLAR, O QUE VOCÊ VÊ NO CÉU DE NOITE?

____

____

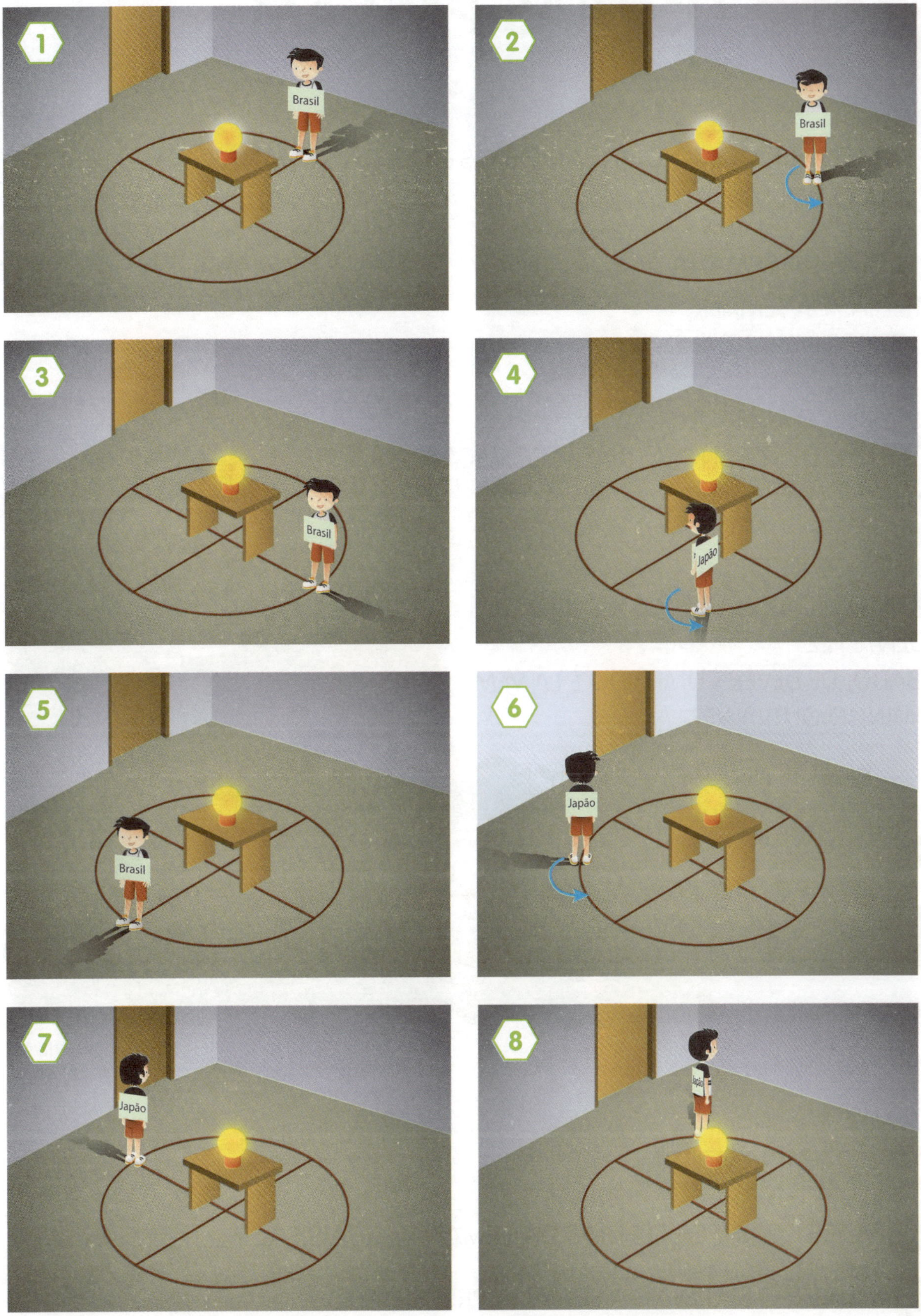

Ilustrações: Cibele Queiroz/Arquivo da editora

Capítulo 4

OS DIAS PASSAM

VAMOS VER COMO CONTAMOS OS DIAS DA SEMANA?
LEIA O POEMA.

PERSISTIR:
ESFORÇAR-SE PARA CONTINUAR.

SETE DIAS DA SEMANA

SETE DIAS DA SEMANA
E O TEMPO VAI ANDANDO.
[...]
DOMINGO, DIA DE FOLGA.
SEGUNDA, DE VIDA NOVA, DIA DE COMEÇAR.
TERÇA, DE **PERSISTIR**.
QUARTA, DE CONTINUAR.
QUINTA, DE INSISTIR.
SEXTA, DE TIRAR PROVEITO DE TUDO QUE
A GENTE FEZ.
SÁBADO, DE DEVER CUMPRIDO E LÁ VEM
DOMINGO OUTRA VEZ.

Cibele Queiroz/Arquivo da editora

SYLVIA SANTOS ALVARES. **RIMAS COLORIDAS**.
RIO DE JANEIRO: NOVA FRONTEIRA, 2006.

PARA INICIAR

1. VOCÊ CONHECE OS DIAS DA SEMANA? QUAIS SÃO?
2. QUAL É O SEU DIA DA SEMANA PREFERIDO?

OS DIAS DA SEMANA

SÃO SETE OS DIAS DA SEMANA: DOMINGO, SEGUNDA-FEIRA, TERÇA-FEIRA, QUARTA-FEIRA, QUINTA-FEIRA, SEXTA-FEIRA E SÁBADO.

EM GERAL, AS PESSOAS TRABALHAM DE SEGUNDA-FEIRA A SEXTA-FEIRA. NO FIM DE SEMANA, ISTO É, NO SÁBADO E NO DOMINGO, A MAIOR PARTE DAS PESSOAS DESCANSA.

OBSERVE A ILUSTRAÇÃO.

Cibele Queiroz/Arquivo da editora

COMPLETE AS FRASES ABAIXO COM O NOME DOS DIAS DA SEMANA:

A) ANTEONTEM FOI ______________________________.

B) ONTEM FOI ______________________________.

C) HOJE É ______________________________.

D) AMANHÃ SERÁ ______________________________.

E) DEPOIS DE AMANHÃ SERÁ ______________________________.

VOCÊ NÃO FAZ AS MESMAS ATIVIDADES SEMPRE. POR EXEMPLO, NÃO VAI À ESCOLA TODOS OS DIAS DA SEMANA.

1 O QUADRO A SEGUIR MOSTRA OS DIAS DA SEMANA E OS PERÍODOS DO DIA. PINTE:

A) DE **AMARELO** OS QUADRINHOS QUE INDICAM O PERÍODO EM QUE VOCÊ ESTÁ NA ESCOLA;

B) DE **ROSA** OS QUADRINHOS QUE INDICAM O PERÍODO EM QUE VOCÊ NÃO ESTÁ NA ESCOLA;

C) DE **AZUL** OS QUADRINHOS QUE INDICAM OS DIAS DA SEMANA EM QUE VOCÊ NÃO VAI À ESCOLA.

	MANHÃ	TARDE	NOITE
DOMINGO			
SEGUNDA-FEIRA			
TERÇA-FEIRA			
QUARTA-FEIRA			
QUINTA-FEIRA			
SEXTA-FEIRA			
SÁBADO			

2 AGORA VAMOS ESCREVER.

A) EU VOU PARA A ESCOLA NA:

B) EU NÃO VOU PARA A ESCOLA NO:

3 PREENCHA O QUADRO ABAIXO COM AS SEGUINTES INFORMAÇÕES:

A) DESENHE UMA ESTRELA NO PERÍODO EM QUE VOCÊ ESTÁ NA ESCOLA.

B) ESCREVA NOS QUADRINHOS RESTANTES UMA ATIVIDADE QUE VOCÊ FAZ FORA DO HORÁRIO ESCOLAR.

	MANHÃ	TARDE	NOITE
DOMINGO			
SEGUNDA-FEIRA			
TERÇA-FEIRA			
QUARTA-FEIRA			
QUINTA-FEIRA			
SEXTA-FEIRA			
SÁBADO			

4 ESCREVA ABAIXO UMA ATIVIDADE QUE VOCÊ FAZ:

A) TODOS OS DIAS DA SEMANA: ______

B) APENAS DE SEGUNDA A SEXTA-FEIRA: ______

C) SOMENTE NO FIM DE SEMANA: ______

D) SÓ DE VEZ EM QUANDO: ______

EM UMA COMUNIDADE, NEM TODOS TRABALHAM NOS MESMOS DIAS E HORÁRIOS. A MAIOR PARTE DAS PESSOAS VAI AO TRABALHO DURANTE A SEMANA E DESCANSA NO DOMINGO. MAS HÁ TAMBÉM MUITA GENTE QUE TRABALHA AOS DOMINGOS OU À NOITE.

HÁ PROFISSÕES EM QUE O TRABALHO NÃO PODE PARAR. EM OUTRAS, OS PRODUTOS PRECISAM SER VENDIDOS NO DIA SEGUINTE BEM CEDO.

ESCREVA ABAIXO DE CADA ILUSTRAÇÃO:

A) QUE PROFISSÃO ELA REPRESENTA;

B) QUAL É O LOCAL ONDE ESSA PESSOA TRABALHA.

Ilustrações: Cibele Queiroz/Arquivo da editora

PESQUISE

1 COM TRÊS COLEGAS, PROCURE SABER SE HÁ PESSOAS QUE VOCÊS CONHECEM QUE TRABALHAM AOS DOMINGOS. ANOTE O QUE VOCÊS DESCOBRIRAM.

NOME	PROFISSÃO	O QUE FAZ

2 COM O PROFESSOR, FAÇAM NA LOUSA UMA LISTA DAS PROFISSÕES ENCONTRADAS PELA CLASSE.

3 COLE NO QUADRO ABAIXO UMA IMAGEM DE ALGUÉM QUE TENHA UMA PROFISSÃO DIFERENTE DAQUELAS QUE SEU GRUPO ENCONTROU. SE PREFERIR, DESENHE.

MUITAS PESSOAS APROVEITAM O DESCANSO DO DOMINGO PARA FAZER ATIVIDADES AO AR LIVRE.

ASSIM COMO HÁ MUITAS MANEIRAS DE APROVEITAR O DOMINGO, HÁ TAMBÉM MANEIRAS DIFERENTES DE RETRATAR ESSE DIA.

OBSERVE ABAIXO AS IMAGENS **1** E **2**. LEIA AS LEGENDAS.

George Seurat/Instituto de Arte de Chicago, Illinois, Estados Unidos.

1

UM DOMINGO NA GRANDE JATTE, PINTURA DE GEORGE SEURAT, 1884. JATTE É UMA ILHA NO RIO SENA, NAS PROXIMIDADES DE PARIS, NA FRANÇA.

Ismar Ingber/Tyba

2

PESSOAS PASSAM A TARDE NO PONTÃO DO LAGO SUL, ÀS MARGENS DO LAGO PARANOÁ. BRASÍLIA, DISTRITO FEDERAL, 2016.

1 RESPONDA:

A) QUANDO A PINTURA (IMAGEM **1**) FOI FEITA?

B) QUANDO A FOTOGRAFIA (IMAGEM **2**) FOI TIRADA?

2 QUAIS SÃO AS SEMELHANÇAS E AS DIFERENÇAS ENTRE ESSAS DUAS IMAGENS?

SEMELHANÇAS	DIFERENÇAS

3 QUAL IMAGEM CHAMOU MAIS A SUA ATENÇÃO? POR QUÊ?

OS MESES E O ANO

VOCÊ SABE COMO NÓS ORGANIZAMOS O TEMPO DE UM ANO?

O DIA TEM 24 HORAS.	A SEMANA TEM 7 DIAS.	O MÊS TEM 30 OU 31 DIAS.	O ANO TEM 12 MESES.

1 VEJA NO CALENDÁRIO ABAIXO QUAIS SÃO OS MESES DO ANO E RESPONDA COM A AJUDA DO PROFESSOR:

A) QUE MÊS VEM ANTES DE JULHO?

B) QUE MÊS VEM DEPOIS DE DEZEMBRO?

C) EM QUE ANO ESTAMOS?

D) QUAL FOI O ANO PASSADO?

E) QUAL SERÁ O PRÓXIMO ANO?

2 EM QUAIS MESES VOCÊ FREQUENTA A ESCOLA?

____

____

3 EM QUAIS MESES VOCÊ TEM FÉRIAS?

____

O **CALENDÁRIO** NOS AJUDA A CONTAR A PASSAGEM DO TEMPO E A PLANEJAR NOSSAS ATIVIDADES DO DIA, DO MÊS E DO ANO.

NO CALENDÁRIO, VOCÊ PODE VER QUE ALGUNS MESES TÊM 30 DIAS E OUTROS TÊM 31 DIAS.

1 QUANTOS MESES TEM O ANO? CONTE NO CALENDÁRIO A SEGUIR. ______

2 QUAIS SÃO OS MESES DO ANO QUE TÊM 30 DIAS?

____

3 QUAIS SÃO OS MESES DO ANO QUE TÊM 31 DIAS?

____

4 QUAL É O MÊS DO ANO QUE TEM O MENOR NÚMERO DE DIAS?

____

5 QUANTOS DIAS TEM O MÊS DE FEVEREIRO ______________

6 EM QUAL MÊS TERMINA O ANO ESCOLAR? ______________

Cibele Queiroz/Arquivo da editora

SAIBA MAIS

HÁ UM MODO DE VOCÊ NÃO ESQUECER QUAIS MESES TÊM 31 DIAS E QUAIS MESES TÊM 30. SÓ FEVEREIRO TEM 28 DIAS, MAS DE QUATRO EM QUATRO ANOS ELE TEM 29! VEJA A SEGUIR:

- FECHE SUA MÃO COMO NOS DESENHOS ABAIXO;
- COMECE DE UM LADO DA MÃO E VÁ ATÉ O OUTRO;
- OS OSSOS CORRESPONDEM AOS MESES DE 31 DIAS;
- OS INTERVALOS CORRESPONDEM AOS MESES DE 30 DIAS, OU 28, NO CASO DE FEVEREIRO.
- CONTINUE A CONTAR DO MESMO LADO QUE VOCÊ COMEÇOU PARA O MÊS DE AGOSTO.

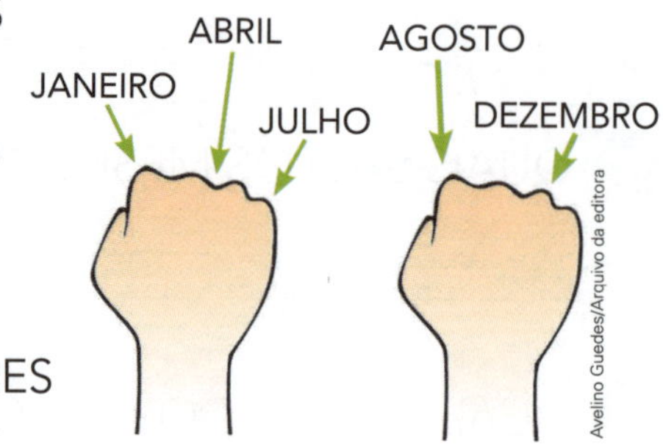

Avelino Guedes/Arquivo da editora

FAÇA O LEMBRETE DO CALENDÁRIO COM AS MÃOS E PINTE OS MESES ABAIXO COM AS CORES INDICADAS:

- DE **AZUL**, OS MESES COM 30, 28 OU 29 DIAS;
- DE **AMARELO**, OS MESES COM 31 DIAS.

JANEIRO	FEVEREIRO	MARÇO	ABRIL	MAIO	JUNHO
JULHO	AGOSTO	SETEMBRO	OUTUBRO	NOVEMBRO	DEZEMBRO

MINHA COLEÇÃO DE PALAVRAS DE HISTÓRIA

A PALAVRA ABAIXO APARECE MUITO NESTE CAPÍTULO.

CALENDÁRIO

1. COMPLETE AS FRASES ABAIXO COM AS PALAVRAS QUE FALTAM.

   - O CALENDÁRIO SERVE PARA MARCAR A PASSAGEM DO ______________. INDICA OS DIAS, AS ______________ E OS ______________ DO ANO. ALGUNS POVOS USAM CALENDÁRIOS BEM DIFERENTES DOS NOSSOS.
   - O CALENDÁRIO QUE USAMOS HOJE DIVIDE O ANO EM ____________ MESES.

2. CONVERSE COM SEUS COLEGAS E O PROFESSOR: HÁ OUTRO CALENDÁRIO EM USO NA COMUNIDADE EM QUE VOCÊ VIVE?

NÃO EXISTE SOMENTE UMA FORMA DE ORGANIZAR AS ATIVIDADES DURANTE O ANO.

O TEXTO ABAIXO MOSTRA COMO O POVO INDÍGENA KAXINAWÁ, QUE VIVE NO ESTADO DO ACRE, ORGANIZA SUAS ATIVIDADES. LEIA-O COM O PROFESSOR E COM SEUS COLEGAS.

VEJA TAMBÉM O CALENDÁRIO NA PÁGINA SEGUINTE, DESENHADO POR UM INDÍGENA DESSE POVO.

MUDANÇAS NO TEMPO

SABEMOS QUE O TEMPO MUDA OBSERVANDO NOSSO DIA A DIA. QUANDO FAZ CALOR, OS HOMENS COMEÇAM A TRABALHAR A TERRA.

DEPOIS DE PLANTAR, É TEMPO BOM DE CAÇAR NA MATA, PORQUE TODOS OS ANIMAIS FICAM GORDOS. É TAMBÉM TEMPO DAS FESTAS TRADICIONAIS.

QUANDO CHOVE MUITO, É TEMPO DE ENCHENTE. O RIO ENCHE E DEPOIS ABAIXA. É TEMPO DE TRABALHAR MENOS. A CHUVA DÁ FÉRIAS AOS ÍNDIOS.

GEOGRAFIA INDÍGENA. RIO BRANCO: COMISSÃO PRÓ-ÍNDIO DO ACRE, 1992. (ADAPTADO.)

Cassandra Cury/Pulsar Imagens

INDÍGENA DA ETNIA KAXINAWÁ-HUNI KUIN COLHENDO MILHO EM PLANTAÇÃO. ALDEIA NOVO SEGREDO, ALTO RIO JORDÃO, ACRE, 2016.

1 QUANDO OS INDÍGENAS DESSE POVO TÊM FÉRIAS?

2 PARA ESSE POVO INDÍGENA, QUANDO É TEMPO DE CAÇAR E PESCAR?

OBSERVE O CALENDÁRIO ABAIXO, FEITO POR JOSÉ MATEUS ITASAIRU KAXINAWÁ, UM INDÍGENA DO ACRE. ELE USOU O CALENDÁRIO EM QUE O ANO É DIVIDIDO EM DOZE MESES COMO BASE. EM CADA UM DOS MESES, DESENHOU O QUE ACONTECE NO LUGAR ONDE MORA.

Fonte: *Geografia indígena*. Rio Branco: Comissão Pró-Índio do Acre.

QUE ATIVIDADES VOCÊ CONSEGUE IDENTIFICAR NO CALENDÁRIO ACIMA? INDIQUE CADA ATIVIDADE AO LADO DO NOME DO MÊS.

JANEIRO: ______________________

FEVEREIRO: ______________________

MARÇO: ______________________

ABRIL: ______________________

MAIO: ______________________

JUNHO: ______________________

JULHO: ______________________

AGOSTO: ______________________

SETEMBRO: ______________________

OUTUBRO: ______________________

NOVEMBRO: ______________________

DEZEMBRO: ______________________

COMEMORAÇÕES E FERIADOS

ACONTECIMENTOS PASSADOS PODEM SER LEMBRADOS E FESTEJADOS PELAS PESSOAS DE UMA FAMÍLIA OU DE UMA COMUNIDADE.

COMEMORAR DATAS IMPORTANTES NOS FAZ LEMBRAR DO PASSADO, QUE É PARTE DA NOSSA VIDA E DO NOSSO GRUPO SOCIAL.

UMA DATA QUE TODOS GOSTAM DE COMEMORAR É O ANIVERSÁRIO DE NASCIMENTO DAS PESSOAS QUERIDAS.

1 QUAL É O DIA E O MÊS DO SEU ANIVERSÁRIO?

____

2 ESCREVA NO CALENDÁRIO ABAIXO O NOME E A DATA DO ANIVERSÁRIO DE:

A) UM COLEGA DA CLASSE; **B)** SEU PROFESSOR; **C)** SUA MÃE OU SEU PAI.

JANEIRO	FEVEREIRO	MARÇO
ABRIL	**MAIO**	**JUNHO**
JULHO	**AGOSTO**	**SETEMBRO**
OUTUBRO	**NOVEMBRO**	**DEZEMBRO**

ALGUMAS DATAS COSTUMAM SER COMEMORADAS NO BAIRRO OU NA CIDADE EM QUE VIVEMOS.

OUTRAS DATAS, COMO O DIA DO TRABALHO E O DIA DA INDEPENDÊNCIA DO BRASIL, SÃO COMEMORADAS EM TODO O PAÍS. ESSES SÃO OS FERIADOS NACIONAIS.

ALGUMAS FESTAS SÃO POPULARES, MUITO CONHECIDAS E COMEMORADAS EM VÁRIAS REGIÕES DO PAÍS, COMO AS FESTAS JUNINAS E O CARNAVAL.

AS FESTAS JUNINAS, QUE ACONTECEM NO MÊS DE JUNHO, SÃO UMA HOMENAGEM A TRÊS SANTOS DA IGREJA CATÓLICA: SANTO ANTÔNIO, SÃO JOÃO E SÃO PEDRO.

1. HÁ ALGUMA COMEMORAÇÃO DE DATA ESPECIAL NA CIDADE EM QUE VOCÊ MORA?

2. LEIA A LETRA DA CANÇÃO, OBSERVE A PINTURA E RESPONDA ÀS QUESTÕES:

SONHO DE PAPEL

E O BALÃO VAI SUBINDO
VEM CAINDO A **GAROA**
O CÉU É TÃO LINDO
E A NOITE É TÃO BOA
SÃO JOÃO, SÃO JOÃO
ACENDE A FOGUEIRA
NO MEU CORAÇÃO

ALBERTO RIBEIRO. SONHO DE PAPEL. INTÉRPRETE: CARMEN MIRANDA. IN: **SONHO DE PAPEL/FOGUEIRA DO MEU CORAÇÃO**. RIO DE JANEIRO: ODEON, 1935.

GAROA: CHUVA FINA E PERSISTENTE.

Anita Malfatti/Coleção Aldo Franco, Rio de Janeiro.

FESTA JUNINA, PINTURA DE ANITA MALFATTI, 1945.

A) A CANÇÃO FALA DE ALGO QUE ERA COMUM NAS FESTAS JUNINAS DO PASSADO, MAS QUE HOJE É PROIBIDO, POIS É MUITO PERIGOSO. VOCÊ SABE O QUE É?

B) DESCREVA COM OS COLEGAS A PINTURA DE ANITA MALFATTI.

O CARNAVAL É UMA GRANDE BRINCADEIRA EM QUE CRIANÇAS E ADULTOS SE DIVERTEM NAS RUAS, MUITAS VEZES FANTASIADOS.

1 LEIA A LETRA DA CANÇÃO, OBSERVE A PINTURA E RESPONDA ÀS PERGUNTAS.

A JARDINEIRA

Ó JARDINEIRA
POR QUE ESTÁS TÃO TRISTE?
MAS O QUE FOI QUE
TE ACONTECEU?

FOI A CAMÉLIA
QUE CAIU DO GALHO
DEU DOIS SUSPIROS
E DEPOIS MORREU [...]

BENEDITO LACERDA E HUMBERTO PORTO. A JARDINEIRA. INTÉRPRETE: ORLANDO SILVA. IN: **MEU CONSOLO É VOCÊ/A JARDINEIRA.** RIO DE JANEIRO: RCA VICTOR, 1938.

Celeste Bravo/Galeria Jacques Ardies, São Paulo.

CARNAVAL 1969, CINELÂNDIA, GB, DE CELESTE BRAVO. ACRÍLICO SOBRE EUCATEX (65 cm X 95 cm).

A) QUAL É O ASSUNTO DA MÚSICA?

B) O CARNAVAL É COMEMORADO NO LUGAR EM QUE VOCÊ MORA?

C) DESCREVA A PINTURA ACIMA. A CENA SE PARECE COM O CARNAVAL DE ONDE VOCÊ MORA?

2 DESENHE, EM UMA FOLHA DE PAPEL, A FESTA DE QUE VOCÊ MAIS GOSTA. DEPOIS, COM O PROFESSOR E OS COLEGAS, ORGANIZEM UMA EXPOSIÇÃO NA SALA DE AULA.

O QUE ESTUDAMOS

EU ESCREVO E APRENDO

AS FRASES ABAIXO APARECEM NOS CAPÍTULOS DA UNIDADE 2. COPIE, EMBAIXO DE CADA UMA DELAS, OUTRA FRASE SOBRE O QUE VOCÊ MAIS GOSTOU DE APRENDER EM CADA CAPÍTULO.

CAPÍTULO 3 – O TIQUE-TAQUE DO RELÓGIO

O RELÓGIO NOS AJUDA A ORGANIZAR AS ATIVIDADES DIÁRIAS. ELE MARCA O TEMPO QUE PASSA EM HORAS E MINUTOS.

____

CAPÍTULO 4 – OS DIAS PASSAM

O CALENDÁRIO NOS AJUDA A CONTAR A PASSAGEM DO TEMPO E A PLANEJAR NOSSAS ATIVIDADES DO DIA, DO MÊS E DO ANO.

____

MINHA COLEÇÃO DE PALAVRAS DE HISTÓRIA

EM CADA CAPÍTULO DA UNIDADE, HÁ UMA PALAVRA DESTACADA PARA A MINHA COLEÇÃO DE PALAVRAS DE HISTÓRIA. VOCÊ TAMBÉM FEZ ATIVIDADES COM ESSAS PALAVRAS PARA SABER COMO UTILIZÁ-LAS QUANDO PRECISAR ESCREVER UM PEQUENO TEXTO DE HISTÓRIA. VEJA QUAIS SÃO ESSAS PALAVRAS NO QUADRO AO LADO.

SIMULTÂNEO, página 51.

CALENDÁRIO, página 64.

1. O QUE VOCÊ APRENDEU COM ESSAS DUAS PALAVRAS? DISCUTA COM OS COLEGAS.

2. EM UM QUADRO NO SEU CADERNO, ESCREVA ESSAS DUAS PALAVRAS E O SIGNIFICADO DE CADA UMA DELAS. O SIGNIFICADO DEVE ESTAR LIGADO AO QUE VOCÊ APRENDEU NO CAPÍTULO.

EU DESENHO E APRENDO

1 OS DESENHOS ABAIXO REPRESENTAM ASSUNTOS IMPORTANTES ESTUDADOS EM CADA CAPÍTULO DA UNIDADE 2. OBSERVE-OS ATENTAMENTE.

CAPÍTULO 3
O TIQUE-TAQUE DO RELÓGIO

CAPÍTULO 4
OS DIAS PASSAM

Ilustrações: Ilustra Cartoon/Arquivo da editora

2 AGORA É A SUA VEZ! PARA CADA CAPÍTULO, FAÇA UM DESENHO DO QUE VOCÊ MAIS GOSTOU OU ACHOU IMPORTANTE ESTUDAR NESTA UNIDADE DO LIVRO. SE PREFERIR, FAÇA UMA COLAGEM.

CAPÍTULO 3	CAPÍTULO 4

HORA DE ORGANIZAR O QUE ESTUDAMOS

- O RELÓGIO MARCA AS HORAS E OS MINUTOS. ELE NOS AJUDA A ORGANIZAR NOSSAS ATIVIDADES DIÁRIAS.

- MUITAS COISAS ACONTECEM AO MESMO TEMPO E EM UM MESMO LUGAR.

Cibele Queiroz/Arquivo da editora

- O DIA NÃO É IGUAL EM TODOS OS LUGARES DO PLANETA. ENQUANTO É DIA NO BRASIL, É NOITE EM OUTRA PARTE DA TERRA, COMO NO JAPÃO.

- A SEMANA TEM SETE DIAS: DOMINGO, SEGUNDA-FEIRA, TERÇA-FEIRA, QUARTA-FEIRA, QUINTA-FEIRA, SEXTA-FEIRA E SÁBADO.

- O ANO TEM 12 MESES. ALGUNS MESES TÊM 31 DIAS, OUTROS TÊM 30. FEVEREIRO, EM GERAL, TEM APENAS 28 DIAS.

- TODOS OS ANOS COMEMORAMOS DATAS E ACONTECIMENTOS COMO ANIVERSÁRIOS, FERIADOS E FESTAS POPULARES.

LIVROS

COMO... DIZER AS HORAS. GRAHAM ROSS, GAUDÍ EDITORIAL.

QUE TAL APRENDER A LER AS HORAS E CONHECER A ROTINA DIÁRIA DO RATINHO MAXY? ESTA OBRA AINDA ENSINA A CONSTRUIR UM RELÓGIO, PARA PRATICAR A LEITURA DAS HORAS.

Reprodução/Gaudí editorial

EU E O TEMPO. BIA BEDRAN, NOVA FRONTEIRA.

UMA GAROTA REFLETE SOBRE A PASSAGEM DO TEMPO E PERCEBE MUITAS COISAS NOVAS: POR QUE SERÁ QUE O TEMPO DEMORA A PASSAR QUANDO ESTAMOS DOENTES? E POR QUE O TEMPO PASSA RÁPIDO QUANDO ESTAMOS EM FÉRIAS OU EM UM PASSEIO? VAMOS DESCOBRIR?

Reprodução/Acervo da editora

O RELÓGIO MANDÃO. LAÍS CORRÊA DE ARAÚJO, RHJ.

CONHEÇA A HISTÓRIA DE UM GAROTO CHAMADO MIGUEL, QUE, AO REFLETIR SOBRE O TEMPO, CHEGOU À CONCLUSÃO DE QUE NÃO QUERIA SER CONTROLADO POR UM RELÓGIO.

Reprodução/Acervo da editora

MÚSICA

CARNAVAL PALAVRA CANTADA (CD). PALAVRA CANTADA.
PRODUÇÃO: PAULO TATIT E SANDRA PERES. MCD, 2009.

TRAZ DIVERSAS CANÇÕES QUE FAZEM HOMENAGEM AO CARNAVAL NO BRASIL. MARCHINHAS, SAMBA, FREVO E OUTROS RITMOS SÃO PRODUZIDOS E INTERPRETADOS POR ARTISTAS DIVERSOS.

Reprodução/Acervo da editora

PARA VOCÊ REFLETIR E CONVERSAR

- DE QUAL ASSUNTO VOCÊ GOSTOU MAIS NESTA UNIDADE?
- VOCÊ TEVE DIFICULDADE PARA ENTENDER ALGUMA ATIVIDADE OU ALGUMA EXPLICAÇÃO?
- ESCOLHA A IMAGEM DE QUE VOCÊ MAIS GOSTOU NESTA UNIDADE. CONTE AOS COLEGAS O MOTIVO DE SUA ESCOLHA.

Unidade 3

O tempo não para

Cecília Esteves/Arquivo da editora

- Você já visitou um lugar como esse da ilustração?
- Você sabe qual a importância de um lugar como esse?

Capítulo 5

As lembranças ficam

Os documentos do passado podem nos contar muitas coisas. Vamos ver como? Leia o poema e observe a imagem.

Aventura no fundo da gaveta

Os anos passam.
Um dia a gente aparece
procurando um documento,
mexe aqui, mexe ali...
e o que acontece?

Na gaveta mais baixa
da velha cômoda ou penteadeira,
a gente sempre acha
antigas lembranças,
velhas brincadeiras.

ARAGÃO, José Carlos B. de.
Aventura no fundo da gaveta.
Belo Horizonte: Miguilim/SEC, 2002.

Cibele Queiroz/Arquivo da editora

Para iniciar

1. O que a avó e a neta encontraram na gaveta?

2. Você acha que a avó se lembrou de histórias do passado quando viu esses objetos?

3. O que você acha que a avó contou para a neta sobre esses objetos?

As histórias antigas

Todos os seres humanos têm **lembranças** de pessoas que conheceram no passado e de fatos ocorridos durante sua vida.

O hábito de contar essas lembranças sempre existiu. Geralmente as pessoas mais velhas **narram** essas histórias para as mais novas. Elas, depois, também vão contar essas histórias para pessoas mais novas do que elas.

narrar: contar.

pelada: futebol.

Leia com o professor.

O tempo em que eu era criança

Me lembro do tempo em que eu era criança,
Descalço na grama, no asfalto e na areia [...]
Jogando **pelada** com bola de meia.

NEVES, Wilson das; PINHEIRO, Paulo César. O tempo em que eu era criança. Intérprete: Quinteto em branco e preto. In: **Riqueza do Brasil**. São Paulo: CPC-Umes, 2000.

Cibele Queiroz/Arquivo da editora

1. Do que a pessoa da canção brincava quando era criança? Você conhece essa brincadeira?

2. Você se lembra de como você brincava quando era bem pequeno? Desenhe as brincadeiras de que mais gostava em uma folha avulsa.

Minha coleção de palavras de História

A palavra a seguir é bastante utilizada neste capítulo.

LEMBRANÇA

1. Preencha as lacunas abaixo com as vogais que faltam e forme uma palavra que é sinônimo de lembrança:

R___C___R D___Ç___O

2. Sem as lembranças, seria possível estudar História? Discuta com seus colegas e seu professor.

As recordações das pessoas mais velhas ajudam a conhecer o passado. Leia o texto.

Histórias do meu avô

Na época em que meus avós chegaram ao Brasil, por volta de 1920, praticamente não havia automóveis. Os poucos que havia eram daquele tipo bem antigo, grandões, pretões, com pneus duros. [...]

O vô Felipe nunca havia dirigido um automóvel. Lá na Ucrânia, ele tinha uma charrete, puxada a cavalo; e isso era tudo o que ele sabia sobre dirigir um veículo. Mas pôs na cabeça que queria um carro.

[...] Pois foi em frente e comprou. [...] Só havia um problema: ninguém sabia dirigir.

[...] Já deu para imaginar o que aconteceu? [...] Ele engatou a primeira, acelerou e tirou o pé da embreagem. O carro deu um pulo e entrou de frente no muro do jardim! Botou o murinho abaixo!

NESTROVSKI, Arthur. **Histórias de avô e avó**. São Paulo: Companhia das Letrinhas, 2012.

Lie Kobayashi/Arquivo da editora

1 O que o avô Felipe contou que aconteceu quando dirigiu o carro?

2 Como eram os carros na época em que o avô Felipe chegou ao Brasil?

Saiba mais

No Brasil, os indígenas mais velhos costumam contar oralmente suas histórias aos mais jovens, de geração em geração. Leia a seguir uma dessas histórias, relatada pelo professor indígena Sepe, do povo Kuikuro, que vive no **Parque Indígena** do Xingu.

Parque Indígena: área reservada pelo governo brasileiro para os povos indígenas habitarem.

cabaça: pote.

A origem da água

Antigamente não existia água no mundo. Havia somente um homem, chamado Sagakagagu, que tinha seis **cabaças** de água.

O deus Taũgi foi procurar esse homem, pois diziam que ele vivia muito melhor do que todos os outros seres. [...] O dono da água falou:

[...]

— O que você quer comigo?

— Eu venho atrás do senhor para lhe pedir pelo menos uma cabacinha de água.

[...]

O dono da água, Sagakagagu, não queria mostrar a água para Taũgi. Taũgi já havia percebido que ele não queria lhe dar a água.

Sepé Kuikuro/Acervo do escritor

No dia seguinte o deus Taũgi quebrou todas as cabaças de água que estavam penduradas na casa do dono da água. Então apareceu o mar que tem água salgada, os igarapés, os lagos, os rios e as lagoas. [...]

KUIKURO, Sepé. **A origem da água**. Disponível em: <https://mirim.org>. Acesso em: 12 jul. 2017.

1. Você conhece uma história contada por uma pessoa mais velha? Conte para seus colegas.

2. Em grupo com mais três colegas, criem uma história usando as palavras abaixo. Depois contem a história para seus outros colegas de classe.

Floresta	Onça	Criança

Os documentos antigos

Uma pessoa também pode escrever sua experiência de vida, produzindo um documento histórico escrito.

Ao ler documentos escritos antigos, ficamos sabendo sobre acontecimentos do passado e como viviam e pensavam as pessoas em outras épocas.

São documentos escritos os livros, os jornais, as revistas, as cartas, os mapas, os diários, as agendas e as **certidões**.

certidão: documento que comprova um acontecimento, como a certidão de nascimento.

1 Observe a primeira página de um jornal brasileiro publicado há muito tempo e responda:

a) Qual é o acontecimento noticiado com maior destaque?

____

____

____

____

____

CORREIO BRAZILIENSE

Fundador dos "Diários Associados": Assis Chateaubriand

HOMEM DESCE NA LUA HOJE

Nova "Miss Universo" é filipina

CEUB

O "Correio Braziliense" circula amanhã, em EDIÇÃO EXTRA com os primeiros passos do homem na Lua

Arquivo do jornal Correio Braziliense/D.A Press

Primeira página do jornal **Correio Braziliense**, publicado em 20 de julho de 1969.

b) Para saber mais, pergunte a seus familiares: O ser humano já pisou em outros astros?

2 Com seus colegas da classe, elaborem duas frases com as palavras a seguir:

Lua	Ser humano	Tempo

____

____

Os antigos documentos pessoais também contam histórias do passado.

Observe o documento ao lado. Ele mostra o registro de trabalho de Antonio Roberto da Silva como mensageiro do Departamento de Correios e Telégrafos no ano de 1961.

Há pessoas que **registram** suas atividades do dia em uma agenda para organizar seu trabalho. Outras gostam de registrar os acontecimentos do dia ou da semana em um diário.

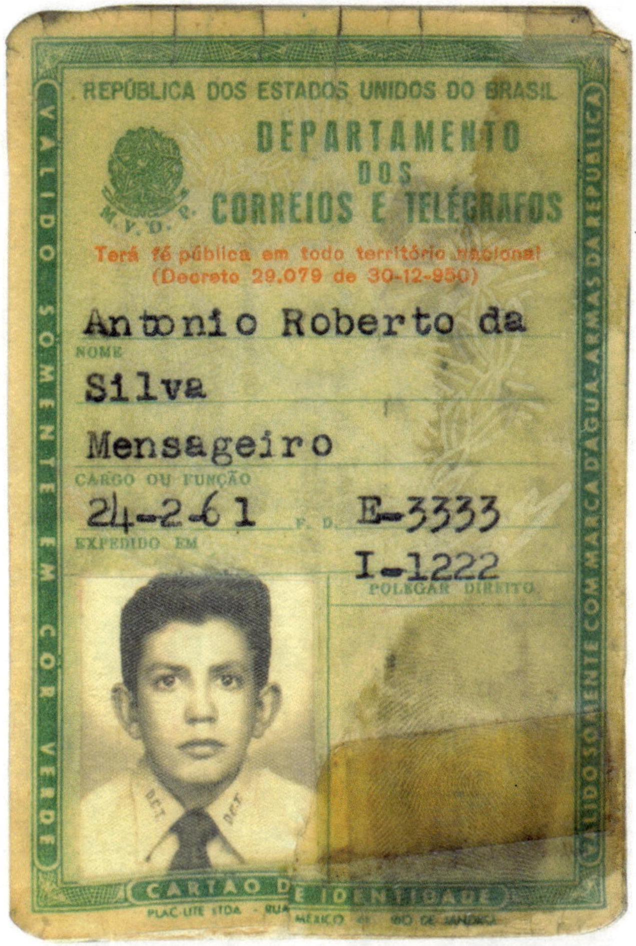

Álbum de família/Arquivo da editora

Cartão de identidade de Antonio Roberto da Silva na empresa em que ele trabalhava em 1961, o Departamento de Correios e Telégrafos.

registrar: escrever ou fotografar, por exemplo, para consultar depois.

representar: interpretar uma personagem, atuar.

1 Leia o texto abaixo e responda às questões a seguir.

Quinta, 2 de março de 1893

Nós fizemos, no fundo da horta, uma casinha de capim para servir de teatrinho de bonecos. Cada um fez um boneco e saíram tão malfeitos que nós rimos a perder, de vê-los **representar**. Nico é bem engraçado para imitar a voz dos bonecos; quando é boneca ele fala fino, quando é boneco ele fala grosso.

MORLEY, Helena. **Minha vida de menina**. São Paulo: Companhia das Letras, 2009.

a) Quando essa página do diário foi escrita?

___

b) Que brincadeira é descrita?

___

2 Você e seus amigos já fizeram essa brincadeira? Como foi?

As fotografias, as ilustrações e os objetos também são considerados documentos, pois trazem muitas informações sobre o passado. Nas fotos antigas, podemos ver como eram as pessoas e os lugares na época em que foram fotografados.

Veja as fotografias que retratam a vida de uma vovó.

Imagens: Acervo particular/Arquivo da editora

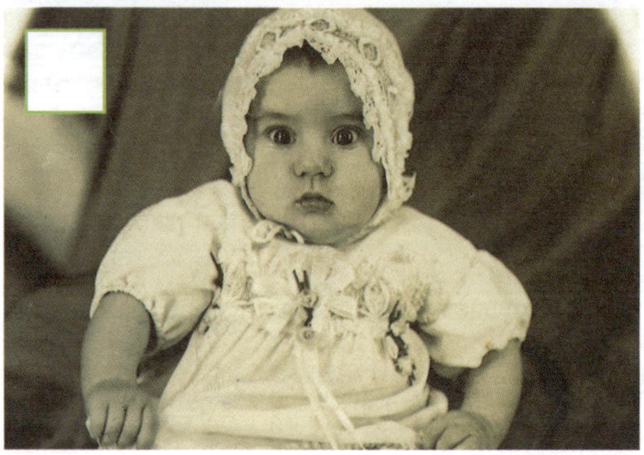

1 Ajude a vovó a organizar seu álbum de fotos. Numere os quadrinhos a partir da foto mais antiga até a mais recente.

2 Você tem um álbum de fotos? Como é a sua foto mais antiga?

As fotografias também podem mostrar o que mudou e o que permaneceu igual em um mesmo lugar com o passar do tempo.

É o caso das fotografias abaixo, que mostram a praça Raul Soares, na cidade de Belo Horizonte, em Minas Gerais, em dois momentos diferentes.

Arquivo Público Mineiro

Praça Raul Soares na cidade de Belo Horizonte, no estado de Minas Gerais, em 1938.

Marcus Desimoni/Portal da Copa

O mesmo local em 2014.

1 Converse com seus colegas de classe sobre o que mudou e o que permaneceu igual na praça Raul Soares. Depois, anote as respostas no quadro abaixo.

O que continuou igual	O que mudou

2 Procure em sua casa uma foto bem antiga de seus familiares. Observe-a e depois responda:

a) Quem são as pessoas retratadas na foto? ______

b) Onde e quando a foto foi tirada? ______

Muitos desses documentos, escritos ou não, são utilizados pelos historiadores para entender o passado e foram feitos há vários séculos. Como são documentos de muito valor, eles ficam guardados em bibliotecas e museus.

Veja, por exemplo, estes mapas da cidade do Recife, no estado de Pernambuco.

João Teixeira Albernaz/Instituto Histórico e Geográfico Brasileiro, Rio de Janeiro.

Este mapa, feito por volta de 1626, mostra o então povoado do Recife e seus arredores.

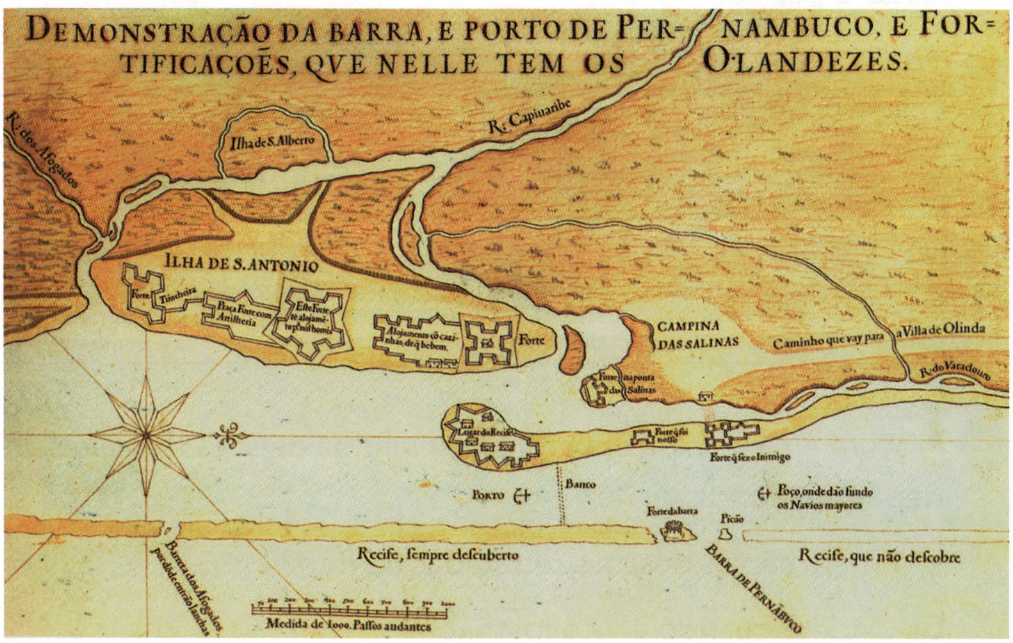

João Teixeira Albernaz/Mapoteca do Itamarati, Rio de Janeiro.

Por volta de 1640, muitos fortes já tinham sido construídos no Recife, como podemos ver neste mapa.

Agora observe esta planta mais recente, também da cidade do Recife:

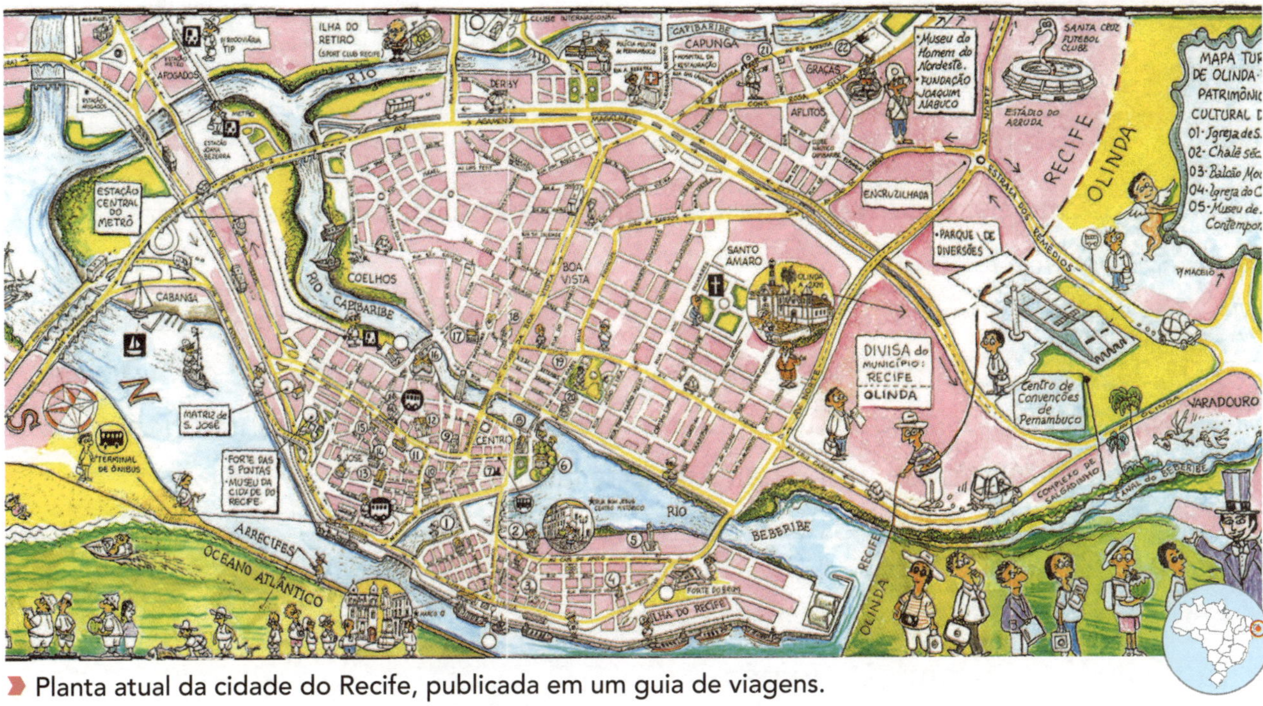

Guia de Viagem e Turismo CVC 2002/Arquivo da editora

Planta atual da cidade do Recife, publicada em um guia de viagens.

1 Se você fosse viajar para o Recife, qual desses documentos o ajudaria a se localizar na cidade? Converse com seus colegas.

2 A cidade do Recife passou por muitas mudanças. Algumas delas estão indicadas nas frases abaixo. Reescreva as frases, trocando os desenhos por palavras.

a) A  Avelino Guedes/Arquivo da editora cresceu muito em tamanho.

____

b) O  Avelino Guedes/Arquivo da editora e os  Avelino Guedes/Arquivo da editora continuam os mesmos.

____

c) O número de  Avelino Guedes/Arquivo da editora aumentou.

____

Capítulo 6

O passado no presente

Vimos que os documentos antigos são testemunhas do passado das pessoas e dos lugares.

Os objetos antigos também. Graças a eles podemos saber muita coisa da vida daquele lugar em épocas passadas. Por exemplo, no centro de algumas cidades brasileiras ainda há postes de luz muito antigos, diferentes dos postes de luz modernos que vemos nas ruas das cidades.

Leia com o professor os versos da canção a seguir.

Lampião de gás

Lampião de gás, lampião de gás
Quanta saudade você me traz
De sua luzinha verde-azulada
Que iluminava a minha janela
Do almofadinha lá na calçada
Palheta branca, calça apertada

BERGAMI, Zica. Lampião de gás. Intérprete: Inezita Barroso. In: **Lampião de gás**. São Bernardo do Campo: Copacabana, 1958.

Cibele Queiroz/Arquivo da editora

Para iniciar

1. Você já observou se há postes de luz antigos na sua cidade?

2. Antigamente, as ruas das cidades eram iluminadas por lampiões a gás. Como as ruas são iluminadas hoje?

Os objetos também têm História

Os objetos usados em casa ou no trabalho mostram como é o modo de vida das pessoas. Objetos antigos contam como as pessoas viviam e trabalhavam tempos atrás. Por isso eles são importantes para a História.

Hoje usamos computador, televisão, telefone celular e forno de micro-ondas. Mas há cem anos esses objetos não existiam! Dá para imaginar a vida sem eles?

Wagner Avancini/Arquivo da editora

Máquina de escrever.

ZoneCreative/Shutterstock

Notebook.

Hely Demutti/Arquivo da editora

Ferro de passar roupas antigo.

Picsfive/Shutterstock

Ferro de passar roupas moderno.

1 Observe as fotos e responda às perguntas a seguir.

a) Você já viu objetos antigos como os representados acima? Onde?

____

b) Algum desses objetos antigos ainda é usado?

____

c) Na sua casa há objetos antigos? Quais?

____

2 Discuta com seus colegas: Por que esses objetos são importantes para o estudo de História?

3 Observe as figuras abaixo com muita atenção.

Eduardo Albarello/Arquivo da editora

Marcos Peron/Kino.com.br

Brastemp/Arquivo da editora

Karen Perhus/Shutterstock

Sergey Peterman/Shutterstock/Glow Images

maxpro/Shutterstock

a) Circule os objetos usados antigamente.

b) Ligue a foto de cada objeto antigo à foto do objeto atual com a mesma função.

c) Troque ideias com seus colegas sobre a utilidade dos objetos que você circulou.

4 Descubra o nome do aparelho que substituiu o telefone fixo e tem muitos outros usos.

a) Observe as fotos a seguir.

1

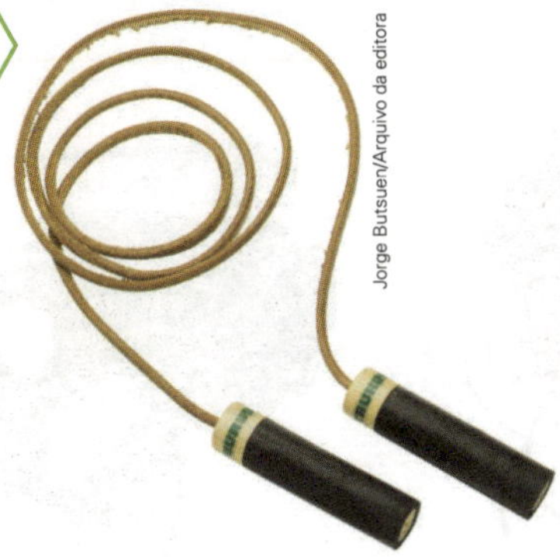

Jorge Butsuen/Arquivo da editora

2

SCOTTCHAN//Shutterstock

3

Mny-Jhee//Shutterstock

4

Frederico Busch/Arquivo da editora

5

Andrey Armyagov/Shutterstock

6

Butterfly Hunter/Shutterstock

7

Thomas Kremer/Arquivo da editora

b) Escreva a primeira letra do nome de cada imagem acima nos espaços a seguir. Siga a numeração.

1	2	3	4	5	6	7

c) Leia a palavra que se formou e conte a seus colegas o que você sabe sobre esse moderno aparelho.

5 Observe abaixo as fotos de alguns objetos antigos. Depois, procure em revistas e jornais fotos de objetos atuais que correspondam a eles. Recorte-as e cole-as no espaço a seguir.

Objetos antigos

Joe Carrol Rare Camera Company/Arquivo da editora

Jack Hampshire Baby Carriage Colletion/Arquivo da editora

Daniela Toviansky/Arquivo da editora

Objetos atuais

6 Você já viu algum desses objetos antigos? Compare-o com o atual e conte a seus colegas as semelhanças e as diferenças entre eles.

Assim também aprendo

As máquinas de escrever foram usadas durante muito tempo.

Agora é a vez dos computadores. Eles são cada vez menores e mais "inteligentes", isto é, são capazes de fazer mais coisas!

Recruta Zero

WALKER, Mort. Recruta Zero. **O Estado de S. Paulo**, São Paulo, 18 ago. 2003. Disponível em: <www.estadao.com.br>. Acesso em: 12 jul. 2017.

1 Troque ideias com seu professor e com seus colegas:

a) Você já usou uma máquina de escrever? E um computador? Que diferenças você notou?

b) Qual foi o maior computador que você já viu? E o menor?

2 Veja o código de figuras abaixo. Cada figura corresponde a uma letra.

■	●	♣	★	♥	▲	♦	▮	✱
M	A	O	D	P	C	U	T	R

- Agora decifre o código de figuras e escreva a palavra que você descobriu.

▲	♣	■	♥	♦	▮	●	★	♣	✱

Novos tempos, novas ideias

Tudo muda com o passar do tempo.

A vida das pessoas hoje não é como antigamente. Mudaram as famílias, as escolas, as casas, as roupas, as profissões, os transportes, os meios de comunicação, os objetos, os brinquedos e muito mais.

1 Pinte de **azul** todos os espaços com a letra **A** e de **vermelho** todos os espaços com a letra **B**. Você verá dois brinquedos: um antigo, mas que existe até hoje, e outro atual. Escreva o nome deles.

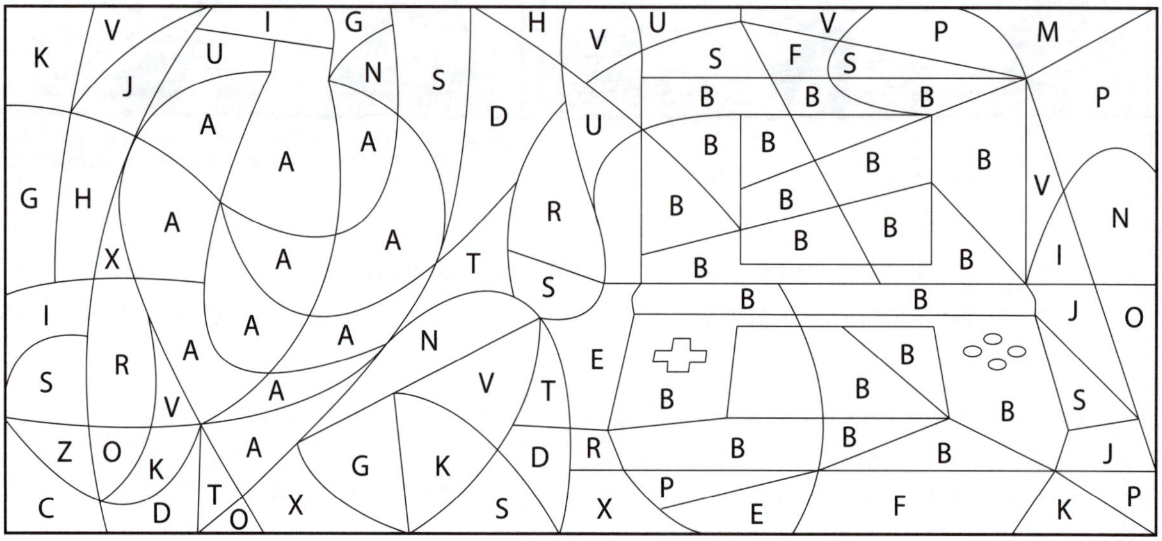

Banco de imagens/Arquivo da editora

A	B

2 Responda às perguntas a seguir e converse com um colega sobre as respostas.

a) Você se lembra do seu primeiro brinquedo favorito? Como ele era?

____

b) Atualmente, qual é o brinquedo de que você mais gosta?

____

c) Agora, compare a sua resposta com a do seu colega.

Antigas cartas contam coisas do passado e com elas podemos perceber como houve mudanças na vida das pessoas.

Em um baú velho, onde estavam guardadas coisas muito antigas da sua família, Iara descobriu uma cartinha que sua avó escreveu quando tinha 8 anos para uma amiga.

1 Escreva nos espaços em branco o nome do desenho correspondente. Depois, leia toda a carta para saber como Margarida descreve sua casa.

Campina Verde, 14 de maio de 1940.

Nossa  ______________ é muito grande. Tem quatro  ______________ e seis  ______________. Nela moram meu pai, minha mãe, meus oito  ______________ e eu.

A  ______________ da  ______________ se abre para um enorme  ______________, onde há  ______________,  ______________ e uma  ______________.

Tem também  ______________,  ______________,  ______________ e até uma  ______________.

Assinado: Margarida.

Ilustrações: Cibele Queiroz/Arquivo da editora

2 Com seus colegas, compare a época da avó de Iara com os dias de hoje. Juntos, avaliem as diferenças e semelhanças entre o número de filhos, o tamanho das residências, bem como se há ou não quintal nelas.

Vamos descobrir algumas diferenças entre o passado e hoje?

Leia o poema e observe a ilustração.

À mesa de chá
Amigas trocam lembranças
E bolo de fubá.

PAVESI, Neiva. **5ª antologia do grêmio de haicai "Caminho das Águas"**. Santos: Sesc, [s.d.].

Cibele Queiroz/Arquivo da editora

1 Aonde um grupo de amigos iria para conversar e tomar um lanche ou um café nos dias de hoje?

____

____

2 Como essas pessoas estariam vestidas? As roupas seriam parecidas com as da ilustração? Faça um desenho ou uma colagem.

3 Com a ajuda de seu professor, compare a ilustração antiga com o que você desenhou ou colou.

Pesquise

Imagine que você entrou em uma máquina do tempo, viajou para o passado e zum... foi parar em 1908.

Marque com um **X** como seria viver naquela época.

1 Ao abrir o guarda-roupa, você encontraria:

- [ ] Camisetas e tênis.
- [ ] Gravatas e vestidos longos e cheios de babados.
- [ ] Conjuntos de moletom.
- [ ] Ternos de calça curta para as festas.

2 Para escrever e desenhar você usaria:

- [ ] Lápis e pena de escrever para molhar na tinta.
- [ ] Canetinhas hidrográficas.
- [ ] Caneta esferográfica.
- [ ] *Notebook*.

3 Como você acha que eram os brinquedos antigamente? Desenhe um brinquedo antigo ou faça uma colagem.

DE OLHO NA IMAGEM

A pintura abaixo mostra uma cena de antigamente, com pessoas, ruas, construções e meios de transporte.

Luigi Stallone/Museu histórico da cidade do Rio de Janeiro.

Largo do Paço, Rio de Janeiro, pintura de Luigi Stallone, 1865.

1 Observe a imagem do largo do Paço, no Rio de Janeiro, em 1865.

a) Como eram as roupas que as pessoas usavam?

b) Quais eram os meios de transporte utilizados?

c) Como era o calçamento do largo do Paço?

d) Havia vendedores nas praças?

2 Observe a pintura na página anterior e a fotografia abaixo. Leia as legendas e responda às perguntas a seguir.

Alexandre Macieira/Tyba

Largo do Paço, no centro histórico da cidade do Rio de Janeiro. Foto de 2017.

a) Quando o quadro foi pintado? ______________________

b) Quando a fotografia foi tirada? ______________________

c) Calcule a diferença em anos entre as duas imagens. ______________________

d) Entre a pintura e a foto você vê diferenças:

- nos meios de transporte?

____

____

- no calçamento do paço?

____

____

- que outras diferenças você nota entre a fotografia e a pintura?

____

____

Antigamente, quando o avô do seu avô ainda não era nascido, não havia carros nem aviões.

Uma das primeiras pessoas a voar em uma espécie de avião foi o brasileiro Alberto Santos Dumont.

Ele inventou um aparelho com asas que voou apenas 60 metros na cidade de Paris, na França. Isso aconteceu em 1906. Esse avião antigo se chamava 14-Bis.

1 Veja a foto do 14-Bis e compare-a com a de um avião moderno.

Reprodução/Arquivo da editora

Santos Dumont voando no 14-Bis em Paris, na França, em foto de 1906.

Luiz Souza/Fotoarena

Avião moderno sobrevoando o Rio de Janeiro, estado do Rio de Janeiro, 2016.

2 Anote no quadro abaixo as diferenças e as semelhanças entre o 14-Bis e o avião moderno.

Diferenças	Semelhanças

Você gosta de resolver enigmas?

1 Encontre um meio de transporte moderno que aparece na cena abaixo. Siga as pistas.

Léo Fanelli/Arquivo da editora

a) Esse meio de transporte:

- Não tem asas.
- Não está no chão.
- Não anda em trilhos.
- Não está no mar.

b) Pinte de **vermelho** apenas o meio de transporte que você descobriu.

2 Escreva o nome dele: ______________________________

Imagine você e seus colegas na escola muitos anos atrás. Vamos ver como seria?

1 Recorte seu rosto de alguma fotografia ou desenhe e cole no espaço vazio da foto das crianças no colégio no ano de 1957.

Antonio Lúcio/Estadão Conteúdo

Alunos do ensino primário em sala de aula na cidade de São Paulo, estado de São Paulo, em 1957.

2 Compare as roupas da fotografia com os uniformes de hoje em dia. O que mudou?

Agora, você e mais dois colegas farão um trabalho coletivo.

1 Imaginem que vocês vivam no futuro, em 2118.

a) Escrevam um texto contando como é a vida em 2118. Cada um do grupo escreve uma frase e os outros copiam.

____

____

____

____

____

b) Agora um de vocês vai ler o texto para a classe. Depois, faça um desenho sobre uma das frases.

2 Compare o que você desenhou com o desenho de um colega.

Minha coleção de palavras de História

A palavra a seguir é bastante utilizada neste capítulo.

TEMPO

1 Discuta com seus colegas: Você acha que a palavra tempo está relacionada com o que você aprendeu neste capítulo?

2 Escreva uma frase com ela em uma folha avulsa e entregue-a ao seu professor.

O QUE ESTUDAMOS

Eu escrevo e aprendo

As frases abaixo aparecem nos capítulos da unidade 3. Copie, abaixo de cada uma delas, outra frase sobre o que você mais gostou de aprender em cada capítulo.

Capítulo 5 – As lembranças ficam

Todas as pessoas têm lembranças de pessoas que conheceram no passado e de fatos ocorridos durante sua vida.

____

____

Capítulo 6 – O passado no presente

Objetos antigos contam como as pessoas viviam e trabalhavam tempos atrás. Por isso eles são importantes para a História.

____

____

Minha coleção de palavras de História

LEMBRANÇA, página 77.

TEMPO, página 101.

Em cada capítulo da unidade, há uma palavra destacada para a Minha coleção de palavras de História. Você também fez atividades com essas palavras para saber como utilizá-las quando precisar escrever um pequeno texto de História. Veja quais são essas palavras no quadro ao lado.

1. O que você aprendeu ao estudar essas duas palavras? Discuta com os colegas.
2. Em um quadro no seu caderno, escreva essas duas palavras e o significado de cada uma delas. O significado deve estar ligado ao que você aprendeu no capítulo.

Eu desenho e aprendo

1 Os desenhos abaixo representam assuntos importantes estudados em cada capítulo da unidade 3. Observe-os atentamente.

Capítulo 5
As lembranças ficam

Capítulo 6
O passado no presente

Ilustrações: Ilustra Cartoon/Arquivo da editora

2 Agora é a sua vez! Para cada capítulo, faça um desenho do que você mais gostou ou achou importante estudar nesta unidade do livro. Se preferir, faça uma colagem.

Capítulo 5	Capítulo 6

Hora de organizar o que estudamos

- Documentos escritos registram os acontecimentos do passado e nos ajudam a conhecer como viviam e pensavam as pessoas em outras épocas.

CORREIO BRAZILIENSE

Fundador dos "Diários Associados": Assis Chateaubriand

HOMEM DESCE NA LUA HOJE

Nova "Miss Universo" é filipina

CEUB

O "Correio Braziliense" circula amanhã, em EDIÇÃO EXTRA com os primeiros passos do homem na Lua

Arquivo do jornal *Correio Braziliense*/D.A Press

- Narrativas orais, imagens e objetos também são muito importantes para a História.

- Contar histórias e lembranças de pessoas que conhecemos e de fatos que ocorreram são uma forma de conhecer o passado. Livros, jornais, revistas, agendas e tudo o que comprova um acontecimento ou traz informações sobre o passado são documentos.

- Por meio de fotografias podemos ver mudanças e permanências de um lugar.

- Os objetos são importantes para a História, pois mostram como é o modo de vida das pessoas.

Cibele Queiroz/Arquivo da editora

Sugestões de...

Livros

Reprodução/Panda Books

A bisa fala cada coisa! Carmen Lucia Campos, Panda Books.

Uma menina muito curiosa convive com sua bisavó. Ao perceber que a bisa usa termos e ditados diferentes, como "dedo de prosa" e "maçãs do rosto", a garota fica encantada e procura descobrir o significado desse jeito antigo de falar!

Reprodução/Acervo da Editora

Casa de vó é sempre domingo. Marina Martinez, Nova Fronteira.

Que divertido visitar a casa da vovó! É tão bom que ficamos com a sensação de que lá é sempre domingo... Por que será?

Reprodução/Acervo da Editora

Dia de festa: receitas e histórias para comemorar. Gisela Tomanik, Editora Nacional.

Ao longo do ano, comemoramos muitas datas, não é mesmo? Este livro de culinária para crianças traz receitas e conta a origem de algumas festas, como as festas juninas, o Carnaval, a Páscoa, o dia de Natal e muito mais.

Música

Reprodução/Acervo particular

Cantigas de roda (CD). Hélio Ziskind. MCD, 2004.

O CD reúne muitas cantigas de roda infantil, antigas e atuais, mostrando essa valiosa parte da cultura brasileira.

Site

Revista Ciência Hoje das Crianças. Disponível em: <http://chc.org.br>.

A revista **Ciência Hoje das Crianças** apresenta muitas reportagens, vídeos, histórias em quadrinhos e textos sobre os mais variados temas: arte, cultura, meio ambiente, história, etc. Acesso em: 12 jul. 2017.

Para você refletir e conversar

- De qual assunto você gostou mais nesta unidade?
- Você teve dúvidas para entender alguma atividade ou alguma explicação?
- Escolha a imagem de que você mais gostou nesta unidade. Conte aos colegas o motivo de sua escolha.

Unidade 4

As comunidades e o trabalho

Cecília Esteves/Arquivo da editora

- Você conhece algumas das profissões da imagem?
- Você sabe quais são as principais profissões que existem na sua comunidade?
- Você conhece muitas mulheres que trabalham fora de casa?

Capítulo 7

O trabalho é necessário

Na comunidade em que vivemos há várias formas de trabalho e todas são importantes.

Leia o texto com a ajuda de seu professor.

O que é que eu vou ser?

Bete quer ser bailarina
Zé quer ser aviador
Carlos vai plantar batatas
Juca quer ser um ator
Camila gosta de música
Patrícia quer desenhar
Uma vai pegando o lápis
E a outra põe-se a cantar.
Mas eu não sei se vou ser
Poeta, doutora ou atriz
Hoje eu só sei de uma coisa:
Quero ser muito feliz!

BANDEIRA, Pedro. **Por enquanto eu sou pequeno**. São Paulo: Moderna, 1995.

Cibele Queiroz/Arquivo da editora

Para iniciar

1. Você conhece as formas de trabalho do lugar onde você mora?

2. Qual forma de trabalho você acha mais interessante?

As profissões

Nem sempre fazemos as mesmas atividades que outras pessoas. Por exemplo, algumas pessoas trabalham, outras estudam, e outras trabalham e estudam. As crianças devem estudar e não devem trabalhar. Os adultos normalmente têm uma profissão.

Observe as fotos e responda às perguntas que se seguem.

Trabalhadores rurais colhem maçãs na cidade de Friburgo, no estado de Santa Catarina. Foto de 2016.

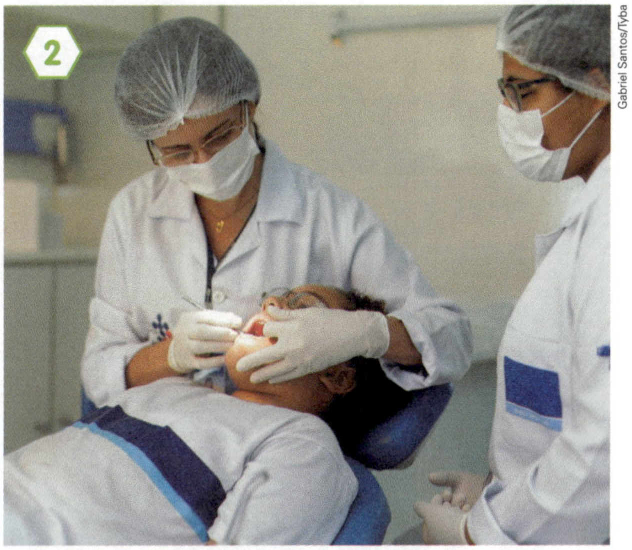

Dentista atende aluna da rede municipal em programa público de saúde na cidade do Rio de Janeiro, estado do Rio de Janeiro. Foto de 2016.

1. Qual é o trabalho mostrado em cada foto?

____

2. Qual foto mostra um trabalho no campo? Que atividades o profissional que aparece nessa foto faz?

____

____

3. Qual foto mostra um trabalho mais comum na cidade que no campo? Que atividades o profissional que aparece nessa foto faz?

____

____

Todas as pessoas devem ter o direito de escolher a sua profissão, e serem igualmente valorizadas, porque todas são necessárias para a nossa sociedade.

Todas as pessoas que trabalham devem receber um salário justo. Todas as pessoas que trabalham devem ter seus direitos reconhecidos, mas elas também têm deveres e responsabilidades a cumprir.

Para trabalhar bem com os outros profissionais, é preciso ter espírito de colaboração, de respeito e de solidariedade.

SOUSA, Mauricio de. **Saiba mais**, n. 20, São Paulo: Panini Comics, abril de 2009.

1 Discuta com seus colegas: você acha certo todas as pessoas terem direito a um trabalho?

2 Procure, em jornais ou revistas, a foto de dois trabalhadores com profissões diferentes das que estão representadas nas fotos da página 109. Cole as imagens no seu caderno e escreva, junto a cada uma delas, o nome da profissão, o que faz esse profissional e se ele trabalha no campo, na cidade ou em outro lugar. Escreva a importância dessa profissão para a comunidade.

3 Com um colega, entrevistem cinco adultos para saber qual é a profissão deles e como é o trabalho que eles fazem.

a) Observe a primeira letra do nome da profissão de cada pessoa que você e seu colega entrevistaram. Depois, pesquise outra profissão que também comece com essa letra.
Exemplo: pedreiro – A primeira letra é **p**.
Outra profissão com **p** – professor.

b) Agora preencha o quadro com dados dos entrevistados.

Nome do entrevistado	Profissão	Outra profissão com a mesma letra

As atividades diárias

Adultos e crianças têm atividades que fazem todos os dias. Os adultos geralmente trabalham. As crianças estudam, brincam e, às vezes, ajudam em casa. Cada um tem suas responsabilidades.

As ilustrações mostram diferentes atividades de adultos e crianças. Algumas são feitas diariamente, outras, menos aos sábados e domingos. Mas há muitos adultos que também trabalham aos sábados, aos domingos ou à noite.

1 Observe as ilustrações a seguir. Embaixo de cada uma escreva a atividade que está sendo realizada.

1

____

2

____

3

____

4

____

5

____

6

____

Ilustrações: Cibele Queiroz/Arquivo da editora

2 Com a ajuda do professor:

a) Escreva o número das atividades realizadas por crianças.

____

b) Escreva o número das atividades realizadas por adultos.

____

c) Anote no quadro abaixo as atividades que podem ser feitas no **período** da noite e as que podem ser realizadas no fim de semana:

período: uma das três partes em que o dia é dividido. O dia tem 24 horas.

Noite	
Fim de semana	

3 Discuta com seus colegas: Quais dessas atividades mostradas nas ilustrações vocês fazem?

Minha coleção de palavras de História

A palavra a seguir é bastante utilizada neste capítulo.

DIARIAMENTE

1 Converse com seus colegas e formem frases com essa palavra. Cada um de vocês deve falar uma frase diferente.

2 Algumas atividades que fazemos todos os dias se transformam ao longo do tempo. Você consegue se lembrar de uma dessas atividades?

Saiba mais

Leia com o professor o texto sobre as crianças do grupo indígena Xavante:

Crianças indígenas

As crianças indígenas [...] aprendem muita coisa com seus pais e parentes mais próximos, como os irmãos e os avós. [...]

É principalmente na relação com seus parentes que as crianças aprendem. Caminham junto com eles, observam atentamente aquilo que os mais velhos estão fazendo ou dizendo; acompanham seus pais até a roça; vão pescar com os adultos e brincam muito! Cada brincadeira é um jeito de aprender uma habilidade que será importante no futuro, como saber caçar, pescar, fazer pinturas no corpo, fabricar arcos e flechas, potes, cestos... [...]

[...] A escola tem como foco ensinar a escrever, ler, fazer conta, entre outros conhecimentos importantes para o diálogo com o mundo dos não índios [...].

Jeitos de aprender. **Povos indígenas no Brasil**. Disponível em: <https://mirim.org>. Acesso em: 12 jul. 2017.

Rosa Gauditano/Studio R Imagens

Crianças xavantes quebram sementes na Terra Indígena Pimentel Barbosa, no estado do Mato Grosso. Foto de 2016. As crianças indígenas aprendem imitando os adultos.

1. Anote três atividades que as crianças xavantes realizam.

2. Você e seus colegas aprendem na escola as mesmas coisas que as crianças xavantes? Cite uma diferença.

3. Escreva uma frase com as palavras:

CRIANÇAS	INDÍGENAS	BRINCADEIRAS

O texto que você leu na página ao lado informa que as crianças indígenas vão à escola e também ajudam a família em diversas tarefas. E você? Além de estudar e brincar, também ajuda em casa?

1 O que você faz para ajudar a manter sua casa em ordem?

2 O que os adultos que moram com você fazem para cuidar da casa? Escreva, em cada linha, o nome da pessoa e a atividade.

____

____

____

____

3 Você pode ler abaixo algumas atividades domésticas diferentes daquelas que as crianças xavantes fazem. Assinale com um **X** as que você pode fazer.

- [ ] Tirar o pó dos móveis.
- [ ] Carregar sacolas pesadas de compras.
- [ ] Cozinhar no fogão.
- [ ] Enxugar a louça.
- [ ] Molhar as plantas.

Assim também aprendo

Leia a tirinha abaixo e discuta com seus colegas: o Menino Maluquinho colabora com a limpeza da casa?

© Ziraldo/Acervo do artista

ZIRALDO. O Menino Maluquinho em quadrinhos. **As tiras**. Porto Alegre: L&PM, 1991.

Pesquise

Em uma cidade existem vários locais que prestam serviços à população. Esses locais têm um horário definido para funcionar.

Ilustrações: Lie Kobayashi/Arquivo da editora

1 Que locais estão representados nas imagens acima? Escreva o nome deles.

____

____

2 Com a ajuda de um adulto, procure descobrir o horário de funcionamento desses serviços na região em que você mora.

1. ____

2. ____

3. ____

4. ____

5. ____

6. ____

Depois do trabalho vem o descanso...

3 O que você vê na imagem abaixo?

A sesta, pintura de Vincent van Gogh, produzida por volta de 1890.

4 Faça um desenho para ilustrar como você descansa.

Capítulo 8

O respeito ao meio ambiente

Precisamos respeitar o ambiente em que vivemos para assim termos uma boa qualidade de vida. Somos todos responsáveis por ter um lugar limpo e bonito para viver.

Com seu professor, leia os versos desta canção.

Além do horizonte

Além do **horizonte** deve ter
Algum lugar bonito pra viver em paz
Onde eu possa encontrar a natureza
Alegria e felicidade com certeza
Lá nesse lugar o amanhecer é lindo
Com flores festejando mais um dia
que vem vindo
Onde a gente possa se deitar no
campo
[...]

horizonte: linha em que céu e terra parecem se unir; campo de visão de uma pessoa.

CARLOS, Roberto; CARLOS, Erasmo. Além do horizonte. Intérprete: Roberto Carlos. Em: **Roberto Carlos**. Rio de Janeiro: CBS, 1975.

Cibele Queiroz/Arquivo da editora

Para iniciar

1. Discuta com seus colegas e responda: Como é um lugar bonito para se viver?

2. O lugar bonito para se morar precisa ser além do horizonte ou pode ser onde moramos?

Todos querem viver bem

O trabalho é importante para nossa sobrevivência. Todos os tipos de trabalho são importantes para a comunidade em que vivemos. Mas eles muitas vezes podem prejudicar o meio ambiente e piorar as condições de vida de um lugar.

O trabalho das indústrias pode ser responsável pela poluição das águas dos rios nas cidades.

Os **pesticidas** e outros produtos usados nas plantações podem contaminar os solos, as águas dos rios e lagoas e os nossos alimentos.

pesticida: substância utilizada para combater pragas nas plantações.

Observe as fotos abaixo. Elas mostram problemas no meio ambiente causados pelo trabalho do homem.

Gerson Gerloff/Pulsar Imagens

Cano de esgoto despejando água poluída por uma indústria em rio de Santa Maria, no estado do Rio Grande do Sul. Foto de 2014.

Luciana Whitaker/Pulsar Imagens

Área poluída pela mineração de carvão na cidade de Treviso, Santa Catarina, em foto de 2016.

Pergunte aos adultos que moram com você e depois discuta com seu professor e seus colegas: O que se vê nas fotos acontece na comunidade onde você mora?

Por lei, no Brasil todas as pessoas têm os mesmos direitos. E todas têm o direito de ter uma boa qualidade de vida. Mas isso nem sempre acontece.

Observe as fotos. Preste atenção nas semelhanças e diferenças entre elas.

Rubens Chaves/Pulsar Imagens

1 Pessoas caminham no calçadão da praia de Ponta Verde, na cidade de Maceió, no estado de Alagoas. Foto de julho de 2015. Áreas públicas como parques e praias são importantes para a boa qualidade de vida.

Alexandre Tokitaka/Pulsar Imagens

2 Lixo acumulado em esquina da cidade de São Paulo, no estado de São Paulo. Foto de 2015.

1. Em qual dos dois lugares retratados nas fotos as pessoas têm condições de viver melhor? Por quê?

____

2. Como as pessoas que moram com você ou perto de você tratam o lugar onde vivem?

Para que as pessoas da nossa sociedade tenham boa qualidade de vida é preciso, principalmente:

TER TRABALHO E SALÁRIO ADEQUADOS.

MANTER UM BOM CONVÍVIO COM A FAMÍLIA E COM O GRUPO SOCIAL.

A vida das pessoas piora quando faltam, principalmente:

HOSPITAIS E POSTOS DE SAÚDE

BOAS CONDIÇÕES DE HIGIENE

ESCOLAS

LAZER

MORADIAS

1 Escolha um dos itens acima e escreva uma frase sobre ele.

____

____

____

2 Compartilhe a frase que você escreveu com seus colegas.

Desafio

1 Em grupo e na companhia do professor ou de um adulto, passeiem pelo bairro ou pelo campo perto da cidade onde vocês moram. Observem tudo o que melhora e tudo o que piora a qualidade de vida do lugar onde vocês vivem. Façam o que se pede em folha separada.

a) Escrevam uma lista das coisas que melhoram a qualidade de vida do lugar.

b) Escrevam uma lista das coisas que pioram a qualidade de vida do lugar.

c) Escrevam o que se pode fazer para melhorar o que não está bom.

2 Em sua opinião, como seria o lugar ideal para morar?

3 Em uma folha de papel, desenhe como você imagina um lugar ideal para morar.

Todos precisam ajudar

Aprender a respeitar os direitos das outras pessoas e ter os próprios direitos respeitados é importante para construir uma sociedade melhor e mais justa e proporcionar uma boa qualidade de vida para todos.

1 Observe a ilustração abaixo, leia a legenda e responda:

Cibele Queiroz/Arquivo da editora

As pessoas com deficiência de locomoção ganham qualidade de vida quando as prefeituras rebaixam a calçada nos cruzamentos. Assim, elas conseguem ir de um lugar a outro com mais facilidade.

a) A pessoa na cadeira de rodas tem seus direitos respeitados? Explique.

b) Na cidade onde você mora há calçadas rebaixadas nos cruzamentos?

2 Observe estas ilustrações e converse sobre elas com seus colegas.

Ilustrações: Cibele Queiroz/Arquivo da editora

a) Marque com um **X** a imagem em que o jovem mostra sinal de respeito aos outros. Converse com seus colegas sobre que atitude é essa.

b) Em que situação o jovem está desrespeitando alguém?

Assim como na nossa sociedade, trabalhando em equipe na escola é mais fácil aprender a respeitar os colegas e as diferentes opiniões.

Ivan Coutinho/Arquivo da editora

1 Explique de que maneira é possível respeitar a opinião dos colegas.

____

____

____

____

2 Leia e sublinhe em **vermelho** as ações abaixo que você costuma fazer para ajudar e respeitar as pessoas. Depois, acrescente outras ações à lista.

Na classe	Em casa
• Levantar a mão antes de falar e esperar sua vez. • Preparar o material escolar pedido para o trabalho em grupo. • Ser pontual. • Jogar o lixo no cesto de lixo. ______________________ ______________________	• Ser atencioso e colaborar com os mais velhos. • Arrumar o quarto. • Colaborar com pequenos serviços domésticos. • Organizar os brinquedos após ter brincado. ______________________ ______________________

Minha coleção de palavras de História

A palavra a seguir é bastante utilizada neste capítulo.

SOCIEDADE

1 Discuta com seus colegas: o que vocês podem fazer para viver bem em sociedade?

2 Escreva uma frase descrevendo como você pode ajudar outras pessoas da sociedade.

TECENDO SABERES

Além de ajudar e respeitar as pessoas, podemos cuidar bem do lugar em que vivemos.

Veja o que a personagem Rosinha fez:

SOUSA, Mauricio de. **Almanaque Historinhas de uma página — Turma da Mônica**. São Paulo: Panini Comics, 2007. v. 1.

1 Na página ao lado, complete a numeração dos quadrinhos na ordem correta do crescimento dos vegetais.

2 Escreva as principais partes da história em quadrinhos para completar a linha do tempo do trabalho de Rosinha.

História em quadrinhos

Início	Meio	Fim

3 Invente uma continuação para essa história.

4 Do que Rosinha precisou para plantar suas flores?

Assim também aprendo

Para termos melhor qualidade de vida, precisamos ajudar a proteger o ambiente e a cuidar do lugar onde vivemos. Leia os quadrinhos.

SOUSA, Mauricio. **Chico Bento**. São Paulo: Globo, n. 214, 1995.

A história em quadrinhos acima mostra algumas atitudes que podem melhorar a sociedade em que vivemos e a nossa qualidade de vida. Converse com seus colegas: quais são essas atitudes?

Respeitar os outros e a sociedade significa também cumprir deveres.

Cesar Diniz/Pulsar Imagens

Travessia de pedestres em Vitória, Espírito Santo. Foto de 2016. É dever do motorista dirigir com cuidado. É dever do pedestre prestar atenção ao atravessar a rua.

Fabio Colombini/Acervo do fotógrafo

É dever das autoridades colocar cestos de lixo nas calçadas e recolher o lixo. É dever do cidadão jogar o lixo na lixeira.

1 Converse com seus colegas: Como ficaria a vida em comunidade se cada pessoa fizesse o que bem entendesse?

2 Um dos deveres dos cidadãos é pagar impostos. O governo, por sua vez, deve utilizar bem o dinheiro dos impostos. Troque ideias com seus colegas e depois responda: o que o governo constrói e mantém com o dinheiro dos impostos?

Pesquise

1 Converse com pessoas mais velhas sobre as questões a seguir e anote, em uma folha à parte, o que elas disserem:

a) Quais deveres temos de cumprir para viver em comunidade?

b) Quais direitos temos em nossa comunidade?

2 Sob a orientação do professor, produza um cartaz com as informações obtidas. Depois, montem juntos um mural com os cartazes.

O QUE ESTUDAMOS

Eu escrevo e aprendo

As frases abaixo aparecem nos capítulos da unidade 4. Copie, abaixo de cada uma delas, outra frase sobre o que você mais gostou de aprender em cada capítulo.

Capítulo 7 – O trabalho é necessário

Na comunidade em que vivemos há várias formas de trabalho e todas são importantes.

____

____

Capítulo 8 – O respeito ao meio ambiente

Os pesticidas e outros produtos usados nas plantações podem contaminar os solos, as águas dos rios e lagoas e os nossos alimentos.

____

____

Minha coleção de palavras de História

Em cada capítulo da unidade, há uma palavra destacada para a Minha coleção de palavras de História. Você também fez atividades com essas palavras para saber como utilizá-las quando precisar escrever um pequeno texto de História. Veja quais são essas palavras no quadro ao lado.

DIARIAMENTE, página 113.

SOCIEDADE, página 123.

1. O que você aprendeu ao estudar essas duas palavras? Discuta com seus colegas.
2. Em um quadro no seu caderno, escreva essas duas palavras e o significado de cada uma delas. O significado deve estar ligado ao que você aprendeu no capítulo.

Eu desenho e aprendo

1 Os desenhos abaixo representam assuntos importantes estudados em cada capítulo da unidade 4. Observe-os atentamente.

Capítulo 7
O trabalho é necessário

Capítulo 8
O respeito ao meio ambiente

Ilustrações: Ilustra Cartoon/Arquivo da editora

2 Agora é a sua vez! Para cada capítulo, faça um desenho do que você mais gostou ou achou importante estudar nesta unidade do livro. Se preferir, faça uma colagem.

Capítulo 7	Capítulo 8

Hora de organizar o que estudamos

- Há diversas profissões e elas devem ser igualmente valorizadas.

- Os trabalhadores devem receber salários justos e ter seus direitos respeitados.

- As tarefas domésticas realizadas diariamente são dever de todos que moram numa casa.

Cibele Queiroz/Arquivo da editora

- É importante preservar o meio ambiente e sermos conscientes dos impactos que a nossa vida cotidiana pode causar na natureza.

- Uma sociedade mais justa é aquela em que todos decidem juntos o que é melhor e todos se respeitam.

- As pessoas têm direitos e deveres que devem ser sempre respeitados.

Cibele Queiroz/Arquivo da editora

Sugestões de...

Livros

ABC dos direitos humanos. Dulce Seabra e Sérgio Maciel, Cortez.

Conheça o texto da Declaração Universal dos Direitos Humanos, que estabelece os direitos de todas as pessoas.

Reprodução/Octaedro

Cidadania é quando... Nílson José Machado, Escrituras Editora.

Em casa ou na rua, brincando ou torcendo, cuidando da água e poupando energia, podemos plantar sementes de cidadania.

Reprodução/Escrituras

Ninguém é igual a ninguém. Regina Otero e Regina Rennó, Editora do Brasil.

Todo mundo sabe: ninguém é igual a ninguém. Este livro faz uma importante reflexão sobre a tolerância e sobre a importância de a gente ser o que é.

Reprodução/Editora do Brasil

Vida na cidade. Mônica Jakievicius, Editora DCL.

Um passeio pela cidade pode identificar cores, sons, cheiros. Este livro convida a conhecer as situações de equilíbrio e desequilíbrio na qualidade de vida.

Música

Canção dos direitos da criança (CD). **Toquinho e convidados. Radar Records, 2015.**

Neste CD, Toquinho e diversos outros artistas brasileiros interpretam músicas infantis que falam sobre algo muito importante: os direitos da criança.

Site

Menino maluquinho. Disponível em: <http://omeninomaluquinho.educacional.com.br>.

Este *site* é dedicado ao Menino Maluquinho, personagem criado pelo artista brasileiro Ziraldo. É possível navegar e acessar tirinhas, jogos e passatempos. Acesso em: 12 jul. 2017.

Para você refletir e conversar

- De qual assunto você gostou mais nesta unidade?
- Você teve dúvidas para entender alguma atividade ou alguma explicação?
- Escolha a imagem de que você mais gostou nesta unidade. Conte a seus colegas o motivo de sua escolha.

PROJETO 1

Brincando com nossos avós

Neste trabalho, você entrará em contato com pessoas idosas e descobrirá como elas se divertiam quando eram crianças.

Cibele Queiroz/Arquivo da editora

1. Entreviste uma pessoa idosa. Procure descobrir qual era a brincadeira predileta dessa pessoa quando criança. Pode ser seu avô, sua avó, sua bisavó, seu bisavô ou outra pessoa.
   Use a ficha que será fornecida pelo professor, preenchendo ou marcando com um **X** os espaços em branco.

2. Sob a orientação do professor, você e seus colegas farão gráficos com os dados obtidos na entrevista. Depois, vocês poderão fazer uma exposição dos gráficos na sala de aula.

3. O professor marcará uma data para você, seus colegas e as pessoas entrevistadas se encontrarem na escola para um Dia de Brincadeiras!
   Ajude o professor a escolher e preparar as brincadeiras que serão realizadas nesse dia. Além das brincadeiras preferidas dos entrevistados, vocês podem propor outras.

PROJETO 2

Avós e crianças: O tempo e as histórias

Neste trabalho você vai entrar em contato com pessoas bem mais velhas. Com elas, você vai descobrir como os objetos antigos podem registrar a história da nossa família, dos nossos amigos ou do lugar em que vivemos.

1. Sob a orientação do professor, forme um grupo com mais quatro colegas. Vocês vão trabalhar juntos durante todo o projeto.

2. Escolham um dos avós de um dos integrantes do grupo, ou outra pessoa da geração de seus avós, para vocês entrevistarem. Na hora de marcar a entrevista, peçam à pessoa que será entrevistada para escolher um objeto antigo que a faça lembrar de fatos importantes. Esse objeto pode ser uma peça de roupa, um enfeite ou um utensílio doméstico.

3. Elaborem em uma folha à parte as perguntas que vocês vão fazer à pessoa entrevistada e anotem nela as respostas.

   Vocês podem perguntar, por exemplo:

   - Qual é o seu nome?
   - Quantos anos você tem?
   - Que objeto você escolheu para nos mostrar?
   - Quem o utilizava?
   - Este objeto ainda é usado? Por quem?
   - Que lembranças este objeto lhe traz?
   - Quantos anos você tinha quando viveu a história da qual está se lembrando agora?

4. Com o professor e os outros grupos, escolham a entrevista mais interessante e convidem a pessoa entrevistada para conversar com toda a classe.

5. No dia marcado, todos poderão fazer perguntas à pessoa convidada.

GLOSSÁRIO

A

Analógico página 46
Modo como os aparelhos antigos funcionam. A maior parte desses aparelhos foi substituída por aparelhos digitais.

Antepassado página 32
Pessoa que nos antecedeu em alguma geração anterior e que faz parte da nossa árvore genealógica.

D

Digital página 46
Modo como as informações são processadas por computadores e outros dispositivos eletrônicos.

F

Feriado nacional página 68
Dia em que não se trabalha, ou não se vai à escola, para que seja celebrada uma data importante para um país ou para uma nação.

Festa tradicional página 65
Festa que faz parte da tradição cultural de um grupo social, de um povo ou de uma nação, passada de geração em geração.
No Brasil, o Carnaval é uma festa tradicional, assim como as Festas Juninas.

G

Geração página 79
Grupo de pessoas que nasceram numa mesma época, que têm idades próximas.

Science Photo Library/Latinstock

Quatro gerações de uma família: bisavó, avó, mãe e filha.

H

Historiador página 84
Pessoa que estuda e narra fatos ou acontecimentos da história de um povo ou de um país.

I

Imposto página 127
Contribuição em dinheiro exigida pelo governo.

M

Meio de comunicação página 32
Instrumento utilizado para nos comunicar, falar, trocar mensagens e informações com outras pessoas.

N

Nacionalidade página 11
Pertencer a uma nação significa ter uma nacionalidade.

Quem nasce no Brasil tem nacionalidade brasileira. Mas nem todas as pessoas que vivem no Brasil são brasileiras. Muitos estrangeiros vivem e trabalham aqui. Se essas pessoas quiserem ter a nacionalidade brasileira, precisarão pedir ao governo.

P

Pena de escrever página 95

Instrumento usado para escrever. Durante muito tempo, era uma pena de ave com a ponta afiada. Posteriormente, foi criada uma pena de metal.

Planta página 85

Representação detalhada de um lugar — cidade, bairro, sala de aula, etc. A representação é feita em uma superfície plana, como o papel.

Povo indígena página 26

Conjunto de pessoas com a mesma língua, cultura e organização social, que já moravam no território que hoje pertence ao Brasil antes da chegada dos portugueses, e seus descendentes.

S

Século página 84

Um século corresponde a cem anos.

T

Trabalho no campo página 109

Trabalho em áreas como a agricultura, a pecuária e o extrativismo, que é feito em lugares distantes dos centros urbanos.

U

Ucrânia página 78

País da Europa. Há pouco mais de cem anos, muitos ucranianos vieram morar no Brasil em busca de uma vida melhor.

X

Xavante página 114

Povo indígena do Brasil que vive principalmente no leste do estado de Mato Grosso e em parte do estado de Goiás. A população xavante tem aumentado desde o fim da década de 1960. Em 2010, ela era de 15 mil pessoas, distribuídas em diversas Terras Indígenas.

Informações disponíveis em: <https://pib.socioambiental.org/pt/povo/xavante>. Acesso em: 12 jul. 2017.

Rosa Gauditano/Studio R

BIBLIOGRAFIA

Nesta bibliografia não constam as referências de alguns livros dos quais foram transcritos trechos ao longo dos capítulos. Citamos as referências nos próprios textos por se tratar de fontes de leitura complementares.

BITTENCOURT, Circe. **Ensino de História**: fundamentos e métodos. São Paulo: Cortez, 2005.

_______ (Org.). **Dicionário de datas da história do Brasil**. São Paulo: Contexto, 2007.

_______ (Org.). **O saber histórico na sala de aula**. 11. ed. São Paulo: Contexto, 2006.

BOSI, Ecléa. **Memória e sociedade**: lembranças de velhos. 3. ed. São Paulo: Companhia das Letras, 1994.

BRASIL. **Estatuto da Criança e do Adolescente**. Lei n. 8.069, de 13 de julho de 1990.

_______. Ministério da Educação. Secretaria de Ensino Fundamental. **Diretrizes Curriculares Nacionais para a Educação Básica**. Brasília, 2013.

_______. Ministério da Educação e do Desporto. Secretaria de Ensino Fundamental. **Parâmetros Curriculares Nacionais**. História/Geografia e Temas Transversais. Brasília, 1997.

_______. Secretaria de Educação Básica. **Ensino Fundamental de nove anos**. Brasília, 2006.

CALDEIRA, Jorge. **Viagem pela História do Brasil**. São Paulo: Companhia das Letras, 1999.

CARRETERO, Mario et al. **Ensino da História e memória coletiva**. Porto Alegre: Artmed, 2007.

COLL, César et al. **O construtivismo na sala de aula**. 6. ed. São Paulo: Ática, 2006.

DUMONT, Savia. **O Brasil em festa**. São Paulo: Companhia das Letrinhas, 2008.

FRIEDMANN, Adriana. **Brincar, crescer e aprender**: o resgate do jogo infantil. São Paulo: Moderna, 1996.

HOFFMAN, Jussara. **Avaliação – Mito & desafio**: uma perspectiva construtivista. 36. ed. Porto Alegre: Mediação, 2005.

KARNAL, Leandro (Org.). **História na sala de aula**: conceitos, práticas e propostas. 5. ed. São Paulo: Contexto, 2008.

MEIRIEU, Philippe. **Aprender... sim, mas como?** Porto Alegre: Artmed, 2000.

MORAIS, Artur Gomes de; LEITE, Tânia Maria Rios. Como promover o desenvolvimento das habilidades de reflexão fonológica dos alfabetizandos. In: MORAIS, Artur Gomes de et al. **Alfabetização**: apropriação do sistema de escrita alfabética. Belo Horizonte: Autêntica, 2005.

NOVAIS, Fernando Antônio (Org.). **História da vida privada no Brasil**. São Paulo: Companhia das Letras, 2007. 4 v.

PAULA, Eunice Dias de et al. **História dos povos indígenas**: 500 anos de luta no Brasil. 7. ed. Petrópolis: Vozes/Cimi, 2001.

PERRENOUD, Philippe. **10 novas competências para ensinar**. Porto Alegre: Artmed, 2000.

PINSKY, Jaime et al. **O ensino de História e a criação do fato**. São Paulo: Contexto, 2009.

POZO, Juan Ignacio (Org.). **A solução de problemas**: aprender a resolver, resolver para aprender. Porto Alegre: Artmed, 1998.

ROIZMAN, Laura Gorresio; FERREIRA, Elci. **Jornada de amor à Terra**: ética e educação em valores universais. 2. ed. São Paulo: Palas Athena, 2006.

ROSSINI, Ester Rosa et al. **Ensino e educação com igualdade de gênero na infância e na adolescência**: guia prático para educadores e educadoras. São Paulo: NEMGE/CNPq, 2006.

SILVA, Maria Alice Setúbal et al. **Memórias e brincadeiras na cidade de São Paulo nas primeiras décadas do século XX**. São Paulo: Cortez/Cenpec, 1989.

SOARES, Magda. **Letramento**: um tema em três gêneros. Belo Horizonte: Autêntica, 2004.

VOGEL, Arno et al. **Como as crianças veem a cidade**. Rio de Janeiro: Pallas/Unicef, 1995.

ZAMBONI, Ernesta. O ensino da História e a construção da identidade. **Revista de História**. Secretaria de Educação do Estado de São Paulo. Coordenadoria de Estudos e Normas Pedagógicas. São Paulo, 1993.

Sites

(Acesso em: jun. 2017.)

<www.museudoindio.org.br>

<www.funai.gov.br>

<www.dominiopublico.gov.br> (Biblioteca Digital)

<www.neab.ufpr.br> (Núcleo de Estudos Afro-brasileiros – Neab)

Projeto

Ápis divertido

2º ano

História

Este material poderá ser destacado e usado para auxiliar o estudo de alguns assuntos vistos no livro.

Cecília Esteves/Arquivo da editora

editora ática

História

Projeto Ápis

2º ano

Caderno de atividades

editora ática

SUMÁRIO

Neste caderno, você vai realizar muitas atividades sobre assuntos tratados no seu livro.
Esperamos que você goste dessas atividades e aprenda muito com elas.
Bom trabalho!

Cecília Esteves/Arq.

UNIDADE 1

VIVER COM OUTRAS PESSOAS

TODA FAMÍLIA TEM UMA HISTÓRIA, MESMO QUE, ÀS VEZES, AS PESSOAS QUE FAZEM PARTE DELA NÃO A CONHEÇAM MUITO BEM.

1 LEIA A HISTÓRIA DA FAMÍLIA DE DONA FREDERICA, MORADORA DA CIDADE DE CAPARAÓ, EM MINAS GERAIS.

A HISTÓRIA DA DONA FREDERICA

FREDERICA E SEUS IRMÃOS AUXILIAVAM SEU PAI NA **LIDA** NA **LAVOURA** E MOENDO CANA NO ENGENHO. MUITAS DAS VEZES QUANDO CHEGAVAM CANSADOS DO SERVIÇO NA ROÇA, DONA FREDERICA E SEUS IRMÃOS DORMIAM NO BANCO QUE SE ENCONTRAVA NA COZINHA E SEU PAI GENTILMENTE OS PEGAVA NO COLO E OS COLOCAVA NA CAMA PARA DORMIR. HOMEM MUITO EDUCADO, TINHA SUA CASA CHEIA DE AMIGOS QUE SEMPRE VINHAM VÊ-LO E, DURANTE AS VISITAS, FILHOS, AMIGOS E VIZINHOS CONVERSAVAM E BRINCAVAM DE RODA ATÉ O ANOITECER.

AOS DOMINGOS ERA SERVIDO UM GRANDE ALMOÇO PARA TODA A FAMÍLIA QUE SE REUNIA COM ALEGRIA PARA PASSAR O DIA. FOI EM UM DESSES ALMOÇOS E BRINCADEIRAS DE RODA EM SUA CASA QUE SEU MARIDO A CONHECEU E QUE, [...] APÓS DOIS ANOS DE NAMORO, SE CASARAM, CONVIVENDO JUNTOS POR 36 ANOS E TENDO SETE FILHOS. [...]

LIDA: TRABALHO.
LAVOURA: PLANTAÇÃO.

CÂMARA CIDADÃ DE CAPARAÓ. HISTÓRIA DE VIDA DE FREDERICA BERBET. **MUSEU DA PESSOA**. DISPONÍVEL EM: <WWW.MUSEUDAPESSOA.NET/PT/CONTEUDO/HISTORIA/INFANCIA-NA-ROCA-51795>. ACESSO EM: 10 JUN. 2017.

A) QUAIS PARENTES DE DONA FREDERICA FORAM CITADOS NO TEXTO?

____

____

B) COMO O PAI DE DONA FREDERICA FOI DESCRITO NO TEXTO?

____

____

JÁ PAROU PARA PENSAR ONDE VOCÊ GUARDA AS MEMÓRIAS DE ACONTECIMENTOS DO PASSADO? A LAURINHA QUIS GUARDAR AS DELA EM UM JARRO.

2 LEIA O TEXTO A SEGUIR COM A AJUDA DO SEU PROFESSOR.

O JARRO DA MEMÓRIA

DE TÃO FELIZ COM A PROMESSA DE ÁRVORE
NASCENDO BEM DIANTE DE SEUS OLHOS,
LAURINHA PROMETEU JAMAIS ESQUECER AQUELE DIA.
ALCANÇOU AO PÉ DO ARBUSTO UMA PEDRA BEM LISINHA,
POUCO MAIOR QUE UMA ERVILHA, E A COLOCOU
NUM JARRO DE BARRO, ATÉ ENTÃO SEM SERVENTIA.
[...]
DAQUELE DIA EM DIANTE,
A CADA ACONTECIMENTO ESPECIAL
O JARRO GANHAVA UMA NOVA PEDRA.

CLAUDIO GALPERIN. **O JARRO DA MEMÓRIA**.
SÃO PAULO: COSAC NAIFY, 2013.

Renato Ventura/Arquivo da editora

A) VAMOS FAZER UM JARRO DE MEMÓRIAS IGUAL AO DE LAURINHA?

- PRESTE ATENÇÃO NOS ACONTECIMENTOS DA SEMANA. ESCOLHA DOIS MOMENTOS QUE VOCÊ NÃO GOSTARIA DE ESQUECER. PODE SER UMA SOBREMESA GOSTOSA QUE VOCÊ COMEU, UMA BRINCADEIRA DIVERTIDA NO RECREIO OU TER ACERTADO UMA ATIVIDADE DIFÍCIL NA ESCOLA.
- RECORTE DOIS PEDAÇOS PEQUENOS DE PAPEL. NÃO PODE TER NADA ESCRITO NELES.
- PARA CADA UM DOS ACONTECIMENTOS QUE VOCÊ ESCOLHEU, PINTE UM PAPEL COM UMA COR DIFERENTE, DOS DOIS LADOS.
- DEPOIS, FAÇA UMA BOLINHA COM O PAPEL E GUARDE-O DENTRO DE UMA GARRAFA DE PLÁSTICO TRANSPARENTE, QUE SERÁ O SEU JARRO DA MEMÓRIA.
- NO DIA COMBINADO, LEVE PARA A ESCOLA A SUA GARRAFA COM AS BOLINHAS DE PAPEL. NESSE DIA, FAÇA UM PEQUENO DESENHO NESTE CADERNO DE ATIVIDADES PARA CADA UM DOS ACONTECIMENTOS ESCOLHIDOS, E PINTE-OS COM A COR DA BOLINHA DE PAPEL QUE REPRESENTA ESSE ACONTECIMENTO:

1º DIA	2º DIA	3º DIA

B) DEPOIS DE FAZER O SEU JARRO DA MEMÓRIA, ESCOLHA UMA DAS BOLINHAS DE PAPEL E EXPONHA PARA A CLASSE QUAL É O DIA DA SEMANA E O ACONTECIMENTO MARCANTE REPRESENTADO POR ELA.

O TEXTO A SEGUIR CONTA UM POUCO DA HISTÓRIA DE UM POVO INDÍGENA, OS KAXINAWÁ (TAMBÉM CONHECIDOS COMO CAXINAUÁ OU HUNI KUIN), QUE VIVE NA REGIÃO NORTE DO BRASIL.

OS ACONTECIMENTOS NARRADOS NA HISTÓRIA FORAM CONTADOS PELOS PRÓPRIOS INDÍGENAS.

3 LEIA O TEXTO COM A AJUDA DO SEU PROFESSOR.

> QUANDO OS CAXINAUÁS VIVIAM MATA ADENTRO, SUAS HABITAÇÕES ERAM MALOCAS (GRANDES CASAS COLETIVAS): XUBUWAN, EM CAXINAUÁ.
>
> ELAS ERAM CONSTRUÍDAS COM FOLHAS DE PALMEIRA, QUE ERAM COLOCADAS DE BAIXO ATÉ EM CIMA, DE UMA MESMA FORMA. POR DENTRO PARECIA TER QUARTOS OCUPADOS CADA UM POR UMA FAMÍLIA: UM HOMEM ABRIGAVA A(S) SUA(S) ESPOSA(S) E SEUS FILHOS.
>
> [...]

ELIANE CAMARGO E DIEGO VILLAR. **A HISTÓRIA DOS CAXINAUÁS POR ELES MESMOS**. SÃO PAULO: EDIÇÕES SESC, 2013. P. 55.

A) QUAL É O ASSUNTO DO TEXTO LIDO?

____

____

B) OS ACONTECIMENTOS DO TEXTO ESTÃO NO PRESENTE OU NO PASSADO? COMO VOCÊ DESCOBRIU?

____

____

C) POR QUE, EM SUA OPINIÃO, É IMPORTANTE QUE UM POVO POSSA ESCREVER A SUA PRÓPRIA HISTÓRIA?

____

____

____

____

____

4 LEIA O TEXTO ABAIXO COM A AJUDA DO PROFESSOR. ELE RELATA UM ACONTECIMENTO DA INFÂNCIA DO AUTOR, QUE É DA INGLATERRA.

O MENINO QUE MORDEU PABLO PICASSO

MEU NOME É TONY. QUANDO EU ERA PEQUENO E MORAVA NUMA FAZENDA EM SUSSEX, NA INGLATERRA, TINHA UM AMIGO MUITO ESPECIAL. [...]

O NOME DO MEU AMIGO ERA PABLO PICASSO, UM DOS MAIORES ARTISTAS QUE JÁ EXISTIRAM. [...]

PICASSO NASCEU NA ESPANHA, MAS MORAVA NA FRANÇA. UM DIA, VEIO LÁ DA FRANÇA VISITAR EU E MINHA FAMÍLIA NA INGLATERRA. [...]

NÃO ME LEMBRO, MAS MINHA MÃE CONTAVA PRA TODO MUNDO QUE UM DIA, QUANDO A GENTE ESTAVA BRINCANDO, EU FIQUEI MUITO ANIMADO E DEI UMA MORDIDA FEIA EM PICASSO.

PICASSO REVIDOU E ME MORDEU TAMBÉM. FORTE! ANTES QUE EU COMEÇASSE A CHORAR, MINHA MÃE OUVIU PICASSO DIZER EM FRANCÊS:

— NOSSA! É A PRIMEIRA VEZ QUE EU MORDO UM INGLÊS!

ANTONNY PENROSE. **O MENINO QUE MORDEU PICASSO**. SÃO PAULO: COSAC NAIFY, 2011.

A) QUAIS SÃO OS TRÊS PAÍSES EUROPEUS QUE APARECERAM NA HISTÓRIA?

B) CADA PESSOA TEM UMA HISTÓRIA DIFERENTE DA ÉPOCA EM QUE ERA CRIANÇA. A HISTÓRIA ACIMA É PARECIDA COM ALGUMA QUE JÁ ACONTECEU COM VOCÊ? ESCREVA ABAIXO.

C) VOCÊ ACHA QUE O FINAL DA HISTÓRIA É ENGRAÇADO? POR QUÊ?

UNIDADE 2

VAMOS MEDIR O TEMPO?

1 MARQUE, NO RELÓGIO DE CADA QUADRO, A HORA EM QUE VOCÊ REALIZA CADA ATIVIDADE DESTACADA.

1 HORA EM QUE ACORDO.

Ilustrações: Jefferson Costa/Arquivo da editora

2 HORA EM QUE VOU À ESCOLA.

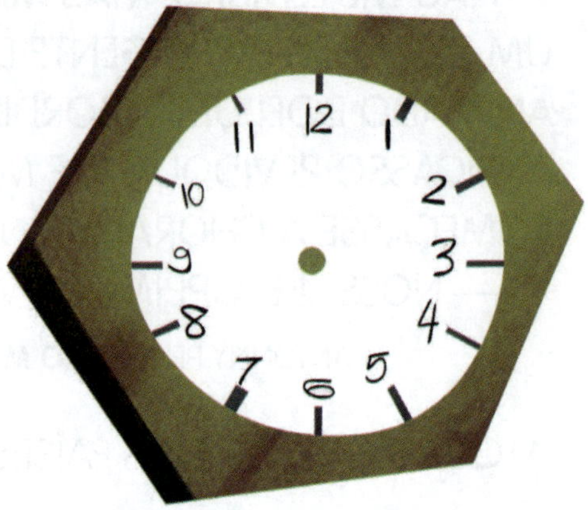

3 HORA EM QUE COSTUMO TOMAR BANHO.

4 HORA EM QUE COSTUMO ALMOÇAR.

2 COMPLETE O RELÓGIO ABAIXO COM UMA ATIVIDADE QUE VOCÊ FAZ DURANTE A SEMANA E O HORÁRIO EM QUE ELA É REALIZADA.

Jefferson Costa/Arquivo da editora

HORA EM QUE ______________________________

3 AGORA, CONSULTE OS RELÓGIOS QUE VOCÊ PREENCHEU NA ATIVIDADE 1 PARA RESPONDER ÀS QUESTÕES ABAIXO.

A) ESCREVA OS DIAS DA SEMANA EM QUE VOCÊ REALIZA TODAS ESSAS ATIVIDADES.

____

____

____

B) COLOQUE AS ATIVIDADES EM ORDEM DE HORÁRIO.

- PRIMEIRA ATIVIDADE:

____

- SEGUNDA ATIVIDADE:

____

- TERCEIRA ATIVIDADE:

____

- QUARTA ATIVIDADE:

____

4 LEIA E ESCREVA O NOME DOS MESES QUE FALTAM.

SETEMBRO, ____________________, NOVEMBRO:

É PRIMAVERA NO HEMISFÉRIO SUL,

TEMPO AGRADÁVEL, CÉU AZUL.

O FRIO PASSOU, EU JÁ NEM LEMBRO!

DEZEMBRO, ____________________, FEVEREIRO:

CHEGARAM AS FÉRIAS E O VERÃO!

VOU À PRAIA COM PROTETOR SOLAR NA MÃO.

CUIDADO COM O CALOR E O AGUACEIRO.

____________________, ABRIL, MAIO:

CHEGOU O OUTONO, A TEMPERATURA ABAIXA.

O INÍCIO DAS AULAS NESSE TEMPO SE ENCAIXA.

AS FÉRIAS PASSARAM COMO UM RAIO!

JUNHO, ____________________, AGOSTO:

ÀS VEZES O FRIO VEM COM VENTINHO E CHUVA FINA.

COBERTOR E CHOCOLATE QUENTE, ISSO COMBINA!

E O VENTO FRIO CONGELA MEU ROSTO.

Ideário Lab/Arquivo da editora

A) ESCREVA O NOME DOS MESES DO ANO EM ORDEM ALFABÉTICA.

____

____

B) COMPLETE O CALENDÁRIO COM OS DIAS DO MÊS EM QUE VOCÊ SE ENCONTRA.

____

	SEMANA 1	SEMANA 2	SEMANA 3	SEMANA 4	SEMANA 5
DOMINGO					
SEGUNDA-FEIRA					
TERÇA-FEIRA					
QUARTA-FEIRA					
QUINTA-FEIRA					
SEXTA-FEIRA					
SÁBADO					

C) OBSERVE O CALENDÁRIO E RESPONDA:

- EM QUE DIA CAIU O PRIMEIRO DOMINGO DESTE MÊS?

____

- E O ÚLTIMO DOMINGO?

____

- EM QUANTOS DIAS DO MÊS VOCÊ FOI À ESCOLA?

____

AS MANHÃS DE DOMINGO SÃO LEGAIS! PODEMOS ACORDAR MAIS TARDE E TOMAR CAFÉ COM A FAMÍLIA. QUANDO O DIA ESTÁ CLARO E NÃO ESTÁ CHOVENDO, PODEMOS BRINCAR LÁ FORA. E SE TODOS OS DIAS PUDESSEM SER MANHÃS DE DOMINGO?

5 LEIA O TEXTO ABAIXO E RESPONDA:

ESTATUTOS DO HOMEM

FICA DECRETADO
QUE TODOS OS DIAS DA SEMANA,
INCLUSIVE AS TERÇAS-FEIRAS
MAIS CINZENTAS, TÊM DIREITO
A CONVERTER-SE EM MANHÃS
DE DOMINGO.

THIAGO DE MELLO. **OS ESTATUTOS DO HOMEM**. SÃO PAULO: VERGARA & RIBA EDITORAS, 2011. P. 18.

Renato Ventura/Arquivo da editora

A) NA SUA OPINIÃO, POR QUE O POETA AFIRMA QUE TODOS OS DIAS DA SEMANA DEVERIAM SER COMO MANHÃS DE DOMINGO?

____

____

____

B) E PARA VOCÊ, QUAL É O MELHOR DIA DA SEMANA? POR QUÊ?

____

____

C) FAÇA UM DESENHO MOSTRANDO ALGO QUE VOCÊ FAZ NAS MANHÃS DE DOMINGO E QUE VOCÊ GOSTARIA DE FAZER TODOS OS DIAS DA SEMANA, INCLUSIVE NAS "TERÇAS-FEIRAS MAIS CINZENTAS".

Unidade 3

O tempo não para

Quando foi buscar os filhos na casa de Guido, a mãe de Henrique e Isadora foi convidada para jantar. Durante a refeição, ela começou a contar um pouco do passado que sua bisavó lhe havia contado quando era pequena:

No tempo dos meus bisavós

No tempo dos meus bisavós, tudo era muito diferente... Tinha máquina de escrever, mas não havia *laptop*.

Algumas casas tinham vitrola. E não havia aparelho de som, nem CD.

Naquele tempo, os telefones eram escuros e pesados. Para falar com alguém, as pessoas tinham que girar a manivela e chamar a telefonista, para depois pedir a ligação. Demorava tanto, que, às vezes, elas ficavam a tarde toda esperando. E não existia telefone celular nem secretária eletrônica.

Automóvel também não existia. Para ir de um lugar a outro, quando as distâncias eram muito grandes, as pessoas viajavam a cavalo ou usavam charretes.

RIBEIRO, Nye. **No tempo dos meus bisavós**. São Paulo: Ed. do Brasil, 2000. (Adaptado.)

Renato Ventura/Arquivo da editora

1 Observe alguns objetos citados no texto.

Gallofoto/Shutterstock/Glow Images

Telefone antigo, movido à manivela.

Hulton Archive/Getty Images

Pessoas em charrete, em 1920.

Thaikrit/Shutterstock/Glow Images

Máquina de escrever.

a) Converse com seus colegas e com o professor e responda: Como são esses objetos hoje em dia?

b) Você gosta de ouvir histórias da sua família que aconteceram há muito tempo? Por quê?

c) O que você mais gosta de ouvir sobre o passado?

2 Depois que seus amigos foram embora, Guido assistiu a um programa na tevê, que mostrava vários lugares da cidade de João Pesssoa, contando sua história. Veja as imagens da avenida que o programa mostrou.

Reprodução/Acervo Carlos Cornejo e João Emilio Gerodetti

Estrada dos Macacos, atual avenida dom Pedro II, em 1915.

Raniery Soares/Futura Press

Avenida dom Pedro II, antiga Estrada dos Macacos, 2017.

a) Quantas décadas (grupos de dez anos) se passaram entre o tempo da primeira imagem e o da segunda, aproximadamente?

- [ ] menos de oito
- [ ] dez
- [ ] cinco
- [ ] mais de oito

b) Liste elementos naturais presentes na primeira imagem.

____

____

c) Que transformações aconteceram na paisagem, mostradas na segunda imagem, que foram causadas pela presença humana?

____

____

____

No começo do século passado, era comum as crianças passarem parte do tempo fora de casa, em jardins e quintais. As famílias eram grandes e havia muitos irmãos para brincar. A família de dona Brites, por exemplo, tinha, além do pai e da mãe, seis filhos.

3 Conheça um pouco sobre o passado dela no texto a seguir.

A infância de dona Brites

Nós [eu e minhas irmãs] não tínhamos brinquedo, o máximo que se tinha era uma boneca, um aparelhinho de jantar. Nós improvisávamos tudo. Com a flor da esporinha [...], enfiando uma na outra fazíamos umas coroinhas lindas. Depois botávamos para secar dentro do livro. [...] Na grama do jardim, empurrávamos tatuzinhos com uma varinha para brincar de boiada. A gente tinha imaginação.

Renato Ventura/Arquivo da editora

BOSI, Ecléa. Depoimento de dona Brites. **Memória e sociedade:** lembrança de velhos. São Paulo: Cia. das Letras, 1994. p. 309.

a) A família de dona Brites era grande se comparada com as de hoje em dia, 8 pessoas sem considerar avós, tios e primos. Quantas pessoas há na sua família?

____

____

b) No texto, você viu que ela e suas irmãs tinham poucos brinquedos. Quantos brinquedos você tem?

____

____

c) Na sua opinião, era comum ter brinquedos na época em que dona Brites era criança?

____

____

d) Você também costuma brincar fora de casa?

____

____

e) Os brinquedos que você tem hoje são diferentes ou parecidos com os de dona Brites e suas irmãs? Dê exemplos.

____

____

f) Como você imagina que eram as brincadeiras de dona Brites e suas irmãs? Desenhe abaixo.

Alguns objetos do nosso cotidiano são muito importantes e, muitas vezes, nós nem prestamos atenção neles. Você já imaginou como seria a sua vida sem a escova de dentes? Esse pequeno objeto passou por muitas mudanças com o decorrer do tempo até se tornar o instrumento que conhecemos hoje.

A invenção da escova de dentes

A escova [de dentes] mais antiga de que se tem notícia foi encontrada numa tumba egípcia de 3 mil anos a.C. Era um pequeno ramo com ponta desfiada até chegar às **fibras**, que eram esfregadas contra os dentes. A primeira escova de **cerdas**, parecida com a que conhecemos, surgiu na China, no fim do século XV. Feita de pelo, as cerdas eram amarradas em varinhas de bambu ou pedaços de ossos. Muito tempo depois, percebeu-se que as escovas de pelos de animais juntavam umidade, o que era prejudicial à higiene da boca, por causar mofo. Além disso, as extremidades pontiagudas das cerdas feriam as gengivas. O problema seria resolvido com o surgimento da escova de dentes com cerdas de náilon, em 1938, nos Estados Unidos.

DUARTE, Marcelo. A invenção da escova de dentes. **O guia dos curiosos**. Disponível em: <http://guiadoscuriosos.uol.com.br/categorias/3674/1/a-invencao-da-escova-de-dentes.html>. Acesso em: 13 jun. 2017.

fibra: fio resistente de origem animal ou vegetal.

cerda: pelo áspero de origem animal, vegetal ou fabricada pelo ser humano.

De Agostini Picture Library/G. Dagli Orti/The Bridgeman Art Library/Easypix

Escova de dentes do século XIX.

4 Responda às questões a seguir com base no que você leu no texto desta página.

a) Como eram as escovas de dentes do passado?

____

____

b) Como é a escova de dentes nos dias de hoje?

____

Unidade 4

As comunidades e o trabalho

Pense na forma como as pessoas que moram em sua casa passam o dia.

1 Escreva no quadro abaixo duas atividades que elas realizam de segunda a sexta-feira.

Renato Ventura/Arquivo da editora

NOME	ATIVIDADE

2 Entrevista!

Escolha duas pessoas que moram com você. Pergunte o que cada uma delas faz durante o dia e qual sua profissão.

- **Primeiro entrevistado**

Nome: ______________________________

Idade: ______________________________

Grau de parentesco (avó, tio, etc.): ______________________________

Atividades do período da manhã:

____

____

Atividades do período da tarde:

____

____

Profissão:

____

____

- **Segundo entrevistado**

Nome: ______________________________

Idade: ______________________________

Grau de parentesco (avó, tio, etc.): ______________________________

Atividades do período da manhã:

____

____

____

Atividades do período da tarde:

____

____

Profissão:

____

____

3 Desenhe uma das pessoas entrevistadas exercendo sua profissão.

4 Agora, escolha uma atividade realizada ao mesmo tempo por você e por um dos entrevistados e desenhe-a aqui.

Observe a fotografia antiga ao lado com atenção. Ela foi tirada há pouco mais de 100 anos.

Lewis Wickes Hine/Library of Congress/Corbis/VCG via Getty Images

5 Com a ajuda de seu professor e seus colegas, responda às seguintes questões:

a) Qual é o lugar retratado na imagem?

____

____

b) Crianças foram fotografadas nesse lugar? Se sim, o que estão fazendo?

____

____

c) Com base no que você aprendeu, responda: Hoje em dia, crianças podem trabalhar no lugar representado na fotografia? Por quê?

____

____

d) Em sua opinião, de que maneira todas as crianças do mundo deveriam viver?

____

____

e) Converse com os seus colegas e depois escreva as suas conclusões: Quais são as diferenças entre as atividades das crianças representadas na foto antiga e as atividades que as crianças deveriam ter no seu cotidiano nos dias de hoje?

____

____

____

Atualmente, muitas profissões são criadas para atender às necessidades dos nossos dias. Por outro lado, há profissões que eram muito comuns no passado e agora estão desaparecendo. Você sabe identificar quais profissões são novas e quais são antigas?

Renato Ventura/Arquivo da editora

6 Procure no diagrama abaixo o nome de algumas profissões. Circule as profissões antigas de azul e as novas de vermelho.

A	N	A	L	I	S	T	A	D	E	M	A	R	K	E	T	I	N	G
T	P	L	D	A	T	I	L	Ó	G	R	A	F	O	M	J	U	T	G
A	P	I	W	U	A	H	C	F	O	R	U	T	A	N	X	M	K	P
A	G	R	Ô	N	O	M	O	P	L	J	H	G	N	V	M	U	I	C
K	J	M	G	E	S	T	O	R	A	M	B	I	E	N	T	A	L	P
M	I	U	G	B	V	A	Y	I	P	N	H	O	P	S	Q	T	R	Q
A	K	H	Y	R	V	T	E	L	E	F	O	N	I	S	T	A	J	K
F	E	R	R	E	I	R	O	M	J	K	L	P	A	E	N	I	U	N
A	T	Y	B	G	F	D	X	Z	W	K	M	H	O	G	B	V	U	O
T	G	B	A	M	A	L	F	A	I	A	T	E	C	M	A	U	I	V
O	N	B	G	F	D	T	E	R	R	E	L	O	J	O	E	I	R	O
F	I	S	I	O	T	E	R	A	P	E	U	T	A	M	N	L	P	A
K	N	H	M	N	V	K	M	O	N	L	L	M	B	T	R	O	F	Q
U	N	U	T	R	I	C	I	O	N	I	S	T	A	P	T	R	E	A
I	M	H	G	A	Q	X	V	N	P	U	N	G	R	M	E	C	X	S

JOGO DOS 7 ERROS

Compare as cenas e descubra os 7 erros. Marque as diferenças com um **X** na segunda cena.

Renato Ventura/Arquivo da editora